獄見佛陀

在最痛苦的時候，也能得到幸福與喜悅，
23個見證奇蹟的故事

呂強——著
Cuong Lu

心意——譯

THE BUDDHA
IN JAIL

Restoring Lives, Finding Hope and Freedom

各界推薦

透過對犯罪而陷落極苦之地的眾生，所做的同體深度傾聽，讓他們敞開心扉，照見自己，也照見陽光。這溫柔的愛之薰息，勝過種種橫暴，並非奇蹟，一旦領受過靜坐所帶來的身心靈寧謐，那滋養便啟動了一連串的轉化，禁錮的高牆崩塌，即使身在囹圄，心靈的自由也能構築幸福喜悅的根基——人人皆有佛性，無論起點多麼卑下，只要開始，他便有了希望！

——李壁如／排寒先驅、身心靈全面觀照的人文中醫

在我的看診過程中，發現很多人之所以受苦，是因為他們經

常執著在某個點上，不斷地反覆「懲罰」自己，以致走不出來。

就像這本書所傳達的，痛苦只需要被看見，不用去對抗也不用去消滅。讓所有念頭來來去去，如實觀之，平靜喜悅就會充滿在你心中。

一行禪師是我非常敬佩的一位大師，而他的弟子在獄中帶領受刑人所得到的巨大改變，其實並不令人驚訝，人人可以做到，因為心念轉即境轉，那個改變可以是非常迅速的。這也是為什麼幸福快樂是真理，因為它就在你心中，只等待你去發現。

——許瑞云／哈佛醫師、身心靈作家

作者呂強秉持生命因利他而豐富的信念，感化了監獄圍牆內的陰暗世界。案例中許多奇蹟猶如一道道曙光照耀人心，使受刑人重獲新生。看似自由的我們，卻同樣被感受及認知囚禁著，迷失了方向，處處遭遇瓶頸。透過《獄見佛陀》這本好書，像獲得解開內心封印的鑰匙，讓讀者們穿越人生挫折，真正相信自己，領略最溫暖的幸福。受刑人們可以，你勢必也能做到！

——紫嚴導師／道家人文協會創會榮譽理事長、作家

不慎犯法者，往往情感非常多元且敏感，難以穩定，這是珍貴的特性，但也特別需要深度的陪伴，練習認識自己，整合自己。也因家庭、學校、社會缺乏如此的觀察和傾聽，事件發生後，就更需要回顧，了解自己意念的變化與方向，如何安穩自己的意識。監獄提供單純到只得見人性艱困面的環境，反而是可以善加利用的條件。佛法引領人從靜心中見到自己的佛性，此書記錄獄

友們覺醒的過程與陪伴者的領悟和成長，正意味著：整個社會都能達成完整的自己，進入共好的幸福。

——劉慧君／自然食氣導引師

每一個囚犯背後的生命故事場景，都可能出現在你我身旁的人身上。書中不論是犯罪的動機和原因，受刑人與家人朋友的關係，因憂鬱症或是環境不公平造成難以克服的情緒問題，還有引導受刑人找回內在平靜的教法和陪伴等，都值得為人父母、靈性導師和所有正在苦尋幸福快樂的朋友們參考。

如果看不懂艱澀的佛學經典，一定不要錯過本書。也期待國內的監獄和醫療院所可以一起效仿學習，相信不但能降低犯罪率和醫療成本，也能幫助身陷苦難當中的生命，回到內在的平靜和喜悅。

——譚瑞琪／《阿乙莎靈訊》、《創造新我‧新地球》作者

想知道一樣工具是否有效，能讓人們改變，我相信身陷囹圄的囚犯會是最好的試煉與見證者。本書出現的許多人物，是罪犯，卻也同時是佛性的化身與彰顯。如果他們的人生可以因為佛學與正念而開始有所不同，我們其實也可以。放下屠刀，或許未必能立地成佛，但作者用陪伴過許多罪犯的經驗告訴我們：修煉正念，真的可以改變人生。

——蘇益賢／臨床心理師

目錄

推薦序

故事中的對話隨時都於我們的內在發聲

——羅西．瓊．哈利法克斯（Roshi Joan Halifax）

我曾受邀在一座保全最為嚴峻的死囚專門監獄裡，教授靜坐冥想、諮商練習、瑜伽，長達六年的時光。這些罪犯都曾殺過人，而且大部分是黑道成員，他們因為難以言喻的成長過程，遭受過極端的虐待，有些人甚至還患有心理疾病。

監獄有自己的文化且頗為複雜，在這個系統裡的成員大都來自幾個特定的背景，所以對我來說，能夠參與其中是人生的轉捩點。我在這裡學到了何謂希望與絕望、憤怒與仁慈、有特權與無特權。然而，我有個突破性的領悟：就是當我看得更加深入時，每位囚犯在我眼裡都不是由恐懼所投射出的個體，而是在恐怖的生命歷程中，飽受折磨且帶著創傷的佛陀。

我的同事莫爾，曾因為販毒被判刑監禁十四年，出獄後他認為在獄中練習靜坐冥想有其必要性。他提到，監獄裡的環境艱難，貪婪、憎恨、妄想是每天的例行公事。他在個人著作《獄中佛法》（Dharma in Hell）說道：「在牢裡與強姦犯、銀行搶匪、猥褻兒童犯、逃稅犯、毒販，以及其他你所能想像的各種罪犯關在一起十四年後，我深信人性本善。」

和莫爾一樣，我相信救贖是可能的，所有事件背後都存在著能教導我們的功課，引領我們走向本自具足的智慧。

在《獄見佛陀》這本書中，呂強也是立即了解到，當獄中受刑人能安靜地坐著與他對話、獨自靜坐或與其他受刑人一起靜坐冥想時，就有能力感受自身的苦痛（包括童年創傷、問題關係，以及為自己所犯下的罪行感到懺悔）。雖然處於痛苦的情況下，只要能夠明瞭與感知真相為何，也能成為幸福喜悅的泉源。那些與他一起修行的囚犯們，當他們感受到自己被傾聽、被了解以及不被批判時，便成功轉化了他們對自己的認知，最終，他們的態度與行為也跟著改變了。

呂強重新詮釋了佛陀的第一聖諦——苦諦，將之視為半滿的杯子。他說，面對苦難時，我們若能穿越防衛與抗拒，不去否認自己最為沉痛的回憶與經歷，那麼面對苦難的過程也會是幸福喜悅的泉源。他不僅提出此見解，也提供了一個又一個藉由面對苦難，練習苦諦所促成的轉化實例。

讓我們仔細閱讀這些動人的故事，一次幾個就好，除了運用在那些我們不太喜歡的人身上，也運用在自己身上，因為故事中的對話隨時都於我們的內在發聲呢！

寫於新墨西哥州聖塔菲市，烏帕亞禪修中心（Upaya Zen Center）二〇一八年，秋

前言

苦難就是幸福，幸福就是苦難

我出生在越南南部一個以海灘、潛水、離島聞名的濱海度假城市——芽莊。童年時期，我和兄弟姐妹們每天早上都會漫步到海邊，到溫暖的太平洋海水中游泳，直到日出時分，之後再一塊走路回家、吃早餐、上學。我們的生活很平靜，至少看起來是如此，我們的國家正處於戰爭狀態，在平靜的日常生活背後是暴力，這場戰爭的影響不僅是交戰方間炮聲隆隆，而是遍及全國各地。在學校裡，我們會玩戰爭遊戲，用打架來看誰是最強壯的。對當時的我們來說，戰爭就像是遊戲一般自然的存在，我從來不知道越南有和平的存在。

南北越於一九七五年再度統一，戰爭雖然結束了，但人們的恐懼感依然存在，南北雙方都擔心總有一天對方會進行報復。於是我們一家在四年後逃離了越南，那年我十一歲，完全不懂為什麼要離鄉背井。我們先抵達香港，並與數千人一塊拘留在只有一扇小窗戶的大穀倉裡，那裡的衛生條件很差，人們因染患疾病而接二連三死去。我聽見大人說「自由的代價很高」，然而我並不懂這話的含義。有一天，大人允許我坐在小窗戶邊，我看到一位正準備去上學的小女孩，我也想去上學，那就是我當時所認為的自由。

經過一年的等待，我們獲許到荷蘭定居。我去上學了，但是我並不覺得自己是自由的。戰爭的陰霾如影隨形，我會與同學打架，以證明自己是最強壯的，同學們也都對我存有畏懼，直到有一天，一位與我同年紀的小男孩對我說：「強，我們不必打架啊！我們是朋友！」他的話猶如雷電般撼動了我。「我們是朋友」是我從未擁有、甚至無法想像的概念，也是我有生以來，第一次感受到戰爭與和平的不同。

記得有一次，我跟老師說：「你人太好了，我們根本不怕你。」言下之意是他不是個好老師。沒想到老師立刻回說：「強，你為什麼該怕我呢？我們是朋友啊！」我那剛強的武裝又再次瓦解了。

一九八七年，我母親聽說禪學大師——一行禪師即將前來荷蘭主持靜坐冥想僻靜之旅，就要求我和她一塊參加。當我看見一行禪師時，我被他那深沉平和的存在感震懾住了，因為我從未見過如此平靜安詳的越南人。在同行的二十五位越南難民中，我是年紀最輕的，但是我可以看出其他年長的同胞深陷在他們自身的憤怒與挫敗感裡，兩相比照之下，一行禪師顯而易見已尋得他的平靜。母親與我都需要一位行為榜樣，而一行禪師贏得了我們的信任，在我眼裡他是一位能夠指引我人生方向的兄長。我母親察覺到我的反應後說道：「一行禪師就是你的老師。」

他教導我們**有意識地呼吸、行走時用雙腳親吻大地，並在每個當下找到「自我的平靜」**。我按部就班地修習了一周後，返家時已脫胎換骨般的變了個人。我遵循著一行禪師的教導，日以繼夜持續地習練著、呼吸著、微笑著，但是我母親開始不認同了。因為在越南，只有出家人才會修習靜坐冥想，她跟我說：「強，你不是和尚！」母親的一席話頓時讓我覺醒：我要當出家人，我要和一行禪師一樣找到屬於自己的平靜。

我後來拿到資訊科學的文憑，但是比起工作賺錢，我希望能多加了解自己與故鄉的文化，因此到萊頓大學主修亞洲研究。一九九二年，一行禪師再度光臨荷蘭並主持了另一場靜坐冥想僻靜之旅，一個月後，我搭火車到法國參觀了一行禪師的梅村禪修中心，也在那看見了和平越南的縮影。

禪修中心裡住著比丘、比丘尼、一般信徒、越南人，以及來自世界各地的人，村民既平靜又快樂，而且他們都以越南語尊稱一行禪師為老師（Thây）。不久後，我離開萊頓大學，前往梅村禪修中心，並在一行禪師的引導下研究平靜的真諦，一待就是十六年。

老師每周講兩次課，其他時間我們在日常行走坐臥中認真實踐老師的教導。我們實踐靜坐冥想、行走冥想、工作冥想、煮食冥想，讓生活中的每一刻都處在正念之中，而我對這一切也適應良好。當禪修中心裡的鐘聲響起，每位居民都會暫停手邊的工作，並做三個正念呼吸練習。我在此平和的環境中有如繁花盛開，直到有一天，老師在講課時說道：「回家吧，我的孩子，不要當個餓鬼*。」我聽了頓時淚流滿面，講課結束後，我去找老師並告訴他：「我想回家了。」他理解地把雙手放在我頭上。隔年，我受戒成了比丘。（*譯註：佛教中的一種眾生，由於過去犯下的罪惡，餓鬼無法食用食物，恆長處於飢渴中。）

然而，我和老師的相處並不總是很平順。我很欽佩他，但是也認為他可以用其他方式把自己的智慧解釋得更詳細，而我自己創意性的神來一筆也常在這方面與他產生摩擦。在梅村待了七年後，我在「傳燈」儀式中受認證，成為老師門下的一名導師。

三年後，我開始教授佛法，也在教學中把「幸福喜悅」傳授為人生的第一個真理，而這和佛陀所教導的第一聖諦：苦諦（dukkha-satya，常被譯為「苦難的存在」），是大大的不同。然而，我在梅村禪修時發現，當你意識到自己是誰、不再有自我分離的幻象，並能認清自我與萬物間存有深層交錯的連結時，幸福喜悅是唾手可得的。這個領悟給了我希望與方向，而且我想與人分享，我看見自己能藉由過去的經驗幫助他人克服孤寂感，讓他們再次尋得自己生命的真義。

為了實現自己教學以及成家的夢想，後來我離開了梅村。離開的第一年，適應外面的紅塵俗世對我來說有點困難，需要一點時間來適應回歸社會的種種。隔年的某個夜晚，在壓力與困惑中，**我頓時明瞭苦難與幸福喜悅的本質皆為空，而且它們是相互依存的：苦難就是幸福，幸福就是苦難**。這個領悟讓我重生了，因此我做出了在荷蘭教授佛法的決定。起初，人們是出於好奇來找我，最終他們視我為當過比丘的普通人，因為我會以他們能接受的方式解釋佛法，而且我的佛法教學還能與他們的生活產生共鳴。

後來，荷蘭政府聘我為監獄導師，負責照護四所監獄裡的囚犯。荷蘭靈性照護部承認佛教與天主教、新教、猶太教、印度教、伊斯蘭教，以及人本主義等，都同屬官方認可的教派。在荷蘭，每位囚犯都有權接受每周一小時的靈性照護，而且每座監獄都設有一間無教派之分的「靜默中心」。我每周都能在四個監獄中使用各自的靜默中心，帶領受刑人從事靜坐冥想的活動，以及進行一對一的輔導。

在很短的時間內，我看見監獄為這些囚犯提供了體驗真幸福的機會，他們也在那裡探索自己過去未曾尋獲的幸福喜悅。看見他們悟到「幸福喜悅是個真理」時，這讓我感到心滿意足。他們完全理解這種教導，也在監獄裡發現了比金錢、權力或性愛更深層的幸福感——一種永遠屬於他們的幸福喜悅。在此之前，他們只感受到疏遠、隔離與孤寂，有許多人都在這個失落的狀態中，犯下可怕的罪行。靜坐功效卓著的消息開始四處傳遞，而安排囚犯重新踏入社會的部門，也邀請我在他們的專案中進行教學。

擔任監獄導師的生涯初始時，大多數的囚犯都無法長時間安分地坐著聽我講課，還一直打岔。但是，在很短的時間內，他們就學會了安靜坐著，並開始邀請其他囚犯一同參與。當我告訴他們，他們未曾與自己的祖先或家人分離過片刻時，我看到在場許多人都笑了，也哭了。

醫務人員開始將一些失眠、無法進食或無法克服憂鬱症的囚犯們轉介到我的靜坐小組來，而我必須很有耐心地幫助他們。專心地傾聽、全然地信任，以及正念呼吸，是協助受刑人自我探索以及再度感到幸福喜悅的必要條件。

最讓我驚訝的不是我教導了受刑人什麼，而是他們所給我的回饋。他們向我證實了「幸福喜悅是真理」，**面對自己的苦痛本身，就是解脫與感到幸福的源泉**。我關心著監禁在四座監獄裡的七十名囚犯，也在本書分享了他們的喜悅以及我的喜悅。至今我仍覺得難以置信的是，自己竟然能如此迅速且深入地與這些被社會認為是「冥頑不靈的罪犯」的人們連結起來。這可能是因為過去成長於戰爭地區的我，早已準備好與處在痛苦中的囚犯相遇，也準備好與他們一同碰觸什麼才是深刻而真實的事物吧。

生命總是充滿了驚喜。當我們帶著洞察力觸碰罪犯們的苦痛時，他們也可成佛。我親眼見證了他們的轉化與喜悅，也為此旅程感激不已。當我在二〇一七年離開監獄導師的工作時，我太太鼓勵我為囚犯以及其他深陷苦痛的人們寫下這本書，以協助每個人找到屬於自己的平靜。

呂強寫於荷蘭高達市

二〇一八年，秋

1.——獄見佛陀

「你認為坐牢最糟糕的部分是什麼呢？」一位名叫德瑞克的囚犯問了我這個問題，在我還來不及做出反應前，他又說：「你沒有自己牢房的鑰匙。警衛把你的房門鎖上後就離開，你必須等他回來才有辦法把門打開。」我懂他的感受。活在封閉的四面牆之間、被鎖在牢房裡，會讓人感到無能為力。

佛陀的教導明示，**我們都被自己的身體與心念禁錮了**。因為不明白自己的真實本性為何，所以我們覺得既不快樂，也不自由。對囚犯來說，他很難看出自己不只是被監禁在牢房裡，也很難意識到**自由的首要條件就是態度**。不論我們是否被關在牢裡，是否被禁錮在自己狹隘的觀點範圍內，佛陀在佛法中所教導的覺醒，就是在提供我們一把讓自己離苦得樂的鑰匙。

六年來，我有此殊勝機會將佛法帶進監獄中，我在監獄裡的所聞所見對我來說就像是個覺醒的警鐘。我探索到：即使在最暗黑的場域，人們還是可以活得幸福、自由。感恩佛法，讓我有幸見證到，即使被監禁在牢裡，囚犯們仍然能找到自由，也能經歷到有生以來第一次的喜悅感。

我在監獄遇見佛陀。我發現每位囚犯都是具有覺醒之力的佛陀，在越南有句諺語說：「放下屠刀，立地成佛。」屠夫、囚犯、佛陀都一樣，沒有差別。

2. 緊閉的生命之門

當我每天早晨以監獄導師的身分上班時，必須通過監獄裡面的十三道電動門，才能進到自己的辦公室。每經過一道門，我就必須按鈕、等待，直到警衛從監視器螢幕上看到我，才會幫我把門打開；每道門皆如此，因此我有機會培養耐心，並忍受他人的擺佈，就如同囚犯所經歷一樣。

大部分人容易把隨意開門、關門的自由視為理所當然，門如果鎖住了，我們有鑰匙可以打開，但是囚犯沒有鑰匙打開自己牢房的門，必須完全仰賴獄卒。

在我所遇見的受刑人中，他們的生命之門大多是緊閉的，有些人甚至打從出生開始就已關上。透過聆聽他們的故事，我看見他們因為做了錯誤的決定而鑄下大錯，大部分的人也不知道幸福喜悅為何物。記得有位囚犯被他的妓女母親以及毒蟲父親所遺棄，當他十三歲時，為了求得過夜的處所，他開始破「車」而入，最後成了個專業偷車賊。

3. 人人都是佛陀

身為佛法老師二十年來，我發現囚犯、上過戰場的老兵、難民，以及曾經歷過極端苦難的人們，參透佛法的速度往往要比那些生命平順的人來得快。有時候，只是初次會面，我就見識到他們對佛法有極為深刻的理解。短短的二十分鐘裡，他們遁入身、心未曾感受過的一種深沉幸福感，也觸及到苦痛的最深處。**一旦他們看見緊抓著苦痛不放的自己，也感激那些依然存在的創傷時，許多人就能夠放下自己緊抓不放的苦痛，並經驗到一種深沉的幸福喜悅感。**

一旦體驗過那種深沉的幸福喜悅感，就會令你永生難忘，且促使你轉變。有位受刑人告訴我：「我從未感到這樣的幸福喜悅，如果能早點接觸佛法，今天的我就不會坐牢了。我從不知道幸福喜悅離我這麼近。我找了一輩子的解脫之道，然而越是去找尋，我所受的苦難也越多。我犯了很多錯，還自以為追逐痛苦就是一種幸福。」

一位牧師同僚曾告訴我：「我們這座監獄裡沒有佛教徒，而且荷蘭人都是基督徒。」我回答道：「哎呀，現在就有一位了。他們都開始叫我『佛教徒』呢！」其實，那位同僚想表達的是受刑人、獄卒，以及在此監獄系統下的其他人都對佛教一無所知。我慢慢地教了幾位受刑人透過靜坐冥想讓自己的心念平靜下來，也教導他們關於思想與行為的後果，以及佛教箴言等的基本教導，而他們開始期待著下一次會談的到來。當我請假不在，即使是很短的時間，也會有人問：「佛陀去哪啦？」

剛開始聽到這個稱呼時，我嚇了一大跳，因為歷史上的佛陀據說是個完全開悟的人，我可不是。之後，我開始把每個人、每位受刑人、每位獄卒，以及每位監獄導師都視為佛陀。因為，**每個人都有順應內在天賦而覺醒的潛力**。

一旦看見緊抓著苦痛不放的自己，也感激那些依然存在的創傷時，就能夠放下緊抓不放的苦痛，並經驗到一種深沉的幸福喜悅感。

4. 像佛陀般平靜

不帶成見地看待人事物，並接受其原有樣貌，是很重要的佛教修行。某天，一位受刑人來找我說：「佛教徒先生，我想加入你的小組。」我問：「你是佛教徒嗎？」他回答：「我不是佛教徒，這樣我可以加入你的靜坐冥想小組嗎？」

我說：「當然可以，不過我想問問你為什麼想要練習靜坐冥想？」

「因為我觀察到你看待我們的方式，你眼中的我們不僅僅只是個囚犯。你不會歧視我們，能這樣被人看待感覺很棒，而且這讓我對自己有信心，我想向你學習。」

他停頓了一會，繼續說道：「不僅僅是你看待我們的方式，還有你走路的模樣。當你走進監獄時，你散發出一種平靜感，沒人能像你這樣走路。我看到囚犯和工作人員走路時都帶著很多的悲傷與焦慮，我可以讀到他們心裡的憂慮，而我自己也有很多憂慮，所以我想學習如何走路，如何不憂心忡忡地活著。」然後他又另外補充了個理由：「我一直在觀察那些和你一塊靜坐冥想的人，他們比我們其他人要來得更為平靜，我也想像他們那樣！」

他的一席話感動了我，因為學習平靜的確是一種習練。我問他叫什麼名字，他說：「安德魯。」

「安德魯，從現在開始，你就是我的學生了。我要教你如何像佛陀般平靜。」我看得出來他因為我的支持感到開心，但是，他並沒有全然地相信我。他很躁動，所以我要求他安靜地和我坐在一塊。

「我做不到！我有注意力不足過動症。」他說。

我鼓勵他繼續嘗試，在靜坐結束時，儘管他的肢體顯得有些坐立不安，但我發自內心地對他說：「你做得很棒！」他很訝異。雖然他沒有安靜地坐著，但是他確實坐了下來；他靜坐時起身一次，但是沒有離開。安德魯是個鬥士，我尊重他的毅力，當我向他表達自己的敬意時，他滿意地笑了。

不帶成見地看待人事物，並接受其原有樣貌。

5. 信任你的老師

一開始同事們認為受刑人之所以參與我的課程，是為了離開牢房、多點放風時間，可是我並不認同他們的說法。對這些受刑人來說，得一動也不動地靜坐三十分鐘可不是件容易的事，這可是需要花費很大的力氣才能做到的。

他們來我這裡不是為了好玩，而是為了學些實用的東西。本來有不少人要放棄靜坐，但是，我看出他們的努力也鼓勵他們。每個人的轉變是顯而易見的，他們變得更加安靜也更加平和，我很開心他們如此信任我，因為，在找尋自我的道路上能夠信任引領你的老師是很重要的。

有一天，安德魯來找我談話：「我的刑期快結束了，所以每周末都獲准返家做家庭訪視。上周末搭火車回家時，我在火車上啥都沒做，就只是靜靜地坐在位子上欣賞窗外美麗的風景。我不曾這麼做，但是我感到平靜極了。」

6. ——生命與時間無關

一般來說，監獄是個不快樂的地方。囚犯們希望待在牢裡的時間能迅速逝去，或者，更準確地說，他們想忘記時間的存在。因此，我邀請他們認識所謂的「無時」（永恆），也就是一種廣闊的自由。那麼，就有可能在監獄中感到自由，也有可能在監獄中感到快樂了。

有很多人選擇嗑藥來忘卻自己的苦痛，其實這一點幫助也沒有，即使有，也只是暫時的，因為相同的問題還是會一再出現。**靜坐冥想並不會讓你忘卻痛苦，事實上，它是協助你去感受自己真實的苦痛，因而記住生命的滋味**。生命與時間無關，時間是錯誤思想下的產物。當錯誤的思想靜止時，我們的生命就成了永恆奇蹟的展現。受刑人學習端坐的藝術，也學著安定他們的思緒，他們因此感受到一種比嗑藥更為深沉的幸福喜悅感，還有人跟我說：「強，這比呼大麻還有效。」

很多受刑人在學了靜坐冥想並每天練習後，斷了毒癮。他們在面對彼此時不但變得更為和善，也更懂得處理自己的憤怒，因為不僅他們的身體經驗到了幸福喜悅，他們的心智也一塊經驗到了。有位受刑人甚至給我看他的指甲：「我又開始長指甲了！」**身體有自己的智慧，它會反應出我們的心智狀態**。當這名受刑人自覺生命結束時，他的指甲便停止生長，而重新生長的指甲象徵著他的幸福喜悅，他的生命也重新被啟動了。

7. 佛瑞德的故事

有位名叫佛瑞德的囚犯，在參與了幾次靜坐冥想小組的集會後要求跟我談話，因此我邀請他一塊喝杯茶。佛瑞德曾是位基督教牧師，因謀殺自己的太太而入獄。他開口說話時，看起來似乎將要潰堤大哭：「強，我在靜坐冥想時體驗到喜悅，一種身體、心智上的喜悅。我聽到身體告訴我，『我很喜悅，生命很美好，我要活下去』。我的身體並沒有說謊，長久以來，這是我第一次接收到如此激勵人心的訊息。說來可笑，我可是當了三十年的基督教牧師。」

我悉心地呼吸、專注地傾聽著。他繼續說道：「我想要過自己的生活，這是一種徵兆。身為牧師，我痛苦了很久……你知道為什麼嗎？」

佛瑞德靜靜坐著，思忖著該用什麼樣的話語表達自己的想法：「我不相信。三十年來，我告訴人們上帝愛世人。每當我這麼告訴即將離世的人時，他們都感到深沉的平靜。但是，我並不相信上帝。」

我一動也不動地坐著。他所說的話聽起來很熟悉，因為很多佛教徒，甚至是佛法老師，也不相信佛陀的智慧，而佛陀的智慧正是佛教的基礎。我問佛瑞德是否曾跟任何人說過這番話，他回答：「我曾在牧師團體中分享過，但是我在他們眼中看見驚恐，這是個禁忌的話題。你能感覺到他們也缺乏信心，然而，你就是不能說出來。」

我問他：「為什麼不能呢？」

「因為我觸及了他們的痛處，很多牧師也不相信上帝，但是他們必須善盡自己的工作職責，所以只能撒謊，這個謊話我也說了三十年。」

我很自然地回應道：「我不覺得你說謊。當你跟瀕臨死亡的信眾說上帝愛他們時，這是事實。你愛他們，而他們也感受到了。但你不明瞭的是，上帝就在你心裡。」

佛瑞德牧師開始嚎啕大哭，並說：「我的教派從來沒人這麼說過，神學院也沒有。為什麼我要忍受這痛苦這麼久啊？」這是第一次，他相信上帝，並安坐在上帝的懷抱以及他自己的存在之中。

THE

BUDDHA

IN

JAIL

8. 信任自己

這些年來，有許多牧師以及神職人員告訴我他們不相信上帝。當我帶著同理心傾聽他們的話語時，也同時思忖著信任其實並不難。人可以在短時間內，也許是二十分鐘內，重新對自己產生信心。**能信任自己是很重要的**，尤其是對那些深受苦痛的人來說更是如此。

受苦不是最慘烈的，不相信自己才是，這和不相信幸福喜悅是一樣的。佛瑞德在發現了自己體內的喜悅後，他立刻經驗到療癒感，那些未曾觸碰的陳年舊傷也開始癒合。

沒了信任，佛瑞德便失去人生的方向。對他來說，生活是為了生存，我遇到的其他囚犯也這麼認為。他們沒學過如何過生活，只會打鬥、求生存，這對過去的我來說，也是很真實的。我帶著心理問題移居荷蘭，我也未曾在自己的國家看過和平。剛抵達荷蘭這個平靜安寧的國度時，我依舊抱持著生命需要爭鬥才能生存的思維，所以一直四處找碴，並涉入打鬥中。直到有個男孩告訴我：「強，不要打架，我們是朋友啊！」自此，「朋友」這個詞在我心裡就與「不要打架」有了連結。這是個美麗的人生功課，也讓我認清了自己的弱點。

要辨識出囚犯的生存本能，對我來說是輕而易舉的事。佛瑞德感到疲憊、想死，因為他厭倦自己以撒謊的方式活著。透過冥想的習練，他這輩子第一次探索到幸福喜悅。生命沒有喜悅，很可能就會讓我們犯罪，而佛瑞德因此謀殺了自己的妻子，一些監獄導師也因輔導工作顯得疲憊不堪。我有機會引導囚犯們去體驗生命的喜悅，因此，我必須全然地處在當下並展現出喜悅的能量。

受苦不是最慘烈的，不相信自己才是，這和不相信幸福喜悅是一樣的。

9. 一起參與

剛開始擔任監獄導師的工作時，我鼓勵這些受刑人帶自己的朋友一塊來參加靜坐冥想活動，然而他們告訴我：「我們在這裡沒朋友，只有一起坐牢的牢友。」

然而，經過一段時間後，他們變了。不論在靜默室或在各自的牢房裡，他們對彼此的態度變和善了。尊重是友誼的基礎，**他們逐漸尊重自己，也因而變得更懂得尊重彼此**。

有人觀察到，自從他們單位的一些囚犯開始進行靜坐冥想後，暴力事件減少了，他們還能互相分工合作。還有人跟我說：「我們單位的人甚至接納了裡面的男同志，不再騷擾他了。我很開心能看到這景象！」甚至有受刑人要求，是否能每天早上與我一塊靜坐冥想。不過，我要負責教導四個監獄的受刑人，因此無法達成。

每位受刑人每周都能參與靜坐冥想活動一次，當我不在的時候，他們都想念這股支持的力量。

10.——受苦不是一種軟弱

在每周一小時的靜坐冥想課中，受刑人會被提醒自身的價值何在。我尊重每位受刑人，也相信他們自我覺醒的能力。在短短的時間內，他們便顯現出自己對佛法的學習力與理解度，因為他們知道苦難為何物，而且珍惜平靜和諧。

佛陀最初傳法時，將苦難闡釋為第一個真理（亦即第一聖諦「苦諦」）。**能看見自己的苦難，就是覺悟的開端**。我們承受著大量的苦痛，卻選擇不去看清它，反而緊抓著不放。能認清自己正承受著的苦痛並不容易，我們往往選擇責怪他人，這也就更無法看透受苦是出於一種自我選擇了。

受苦的形式有很多種，其中一種就是對過去的所作所為有罪惡感，那種罪惡感若在夜晚喧騰起來，可能會讓人們失眠到需要服用安眠藥。監獄裡的夜晚喧擾萬分，有些人甚至會狂踢自己的牢門。即使他們的苦痛在夜晚如此清晰地顯現著，但是，他們在白天卻對苦痛視而不見，反而是四處炫耀自己的男子氣概與力量。有位受刑人曾向我透露：「如果他們認為你是個弱雞，就會凌虐你。」因為，囚犯認為受苦就是一種軟弱。

我告訴靜坐者，受苦不是一種軟弱，**那些能直視自己苦痛何在的人是堅強的**。來找我的人，總是有機會去看、去感受他們自己的苦痛。當你能安坐在靜默的環境中，你會變得更為堅強，因為不再否定自己所受的苦，也不再對抗它。能維持一小時不去對抗自己的苦痛，是很不容易的。

11. 幸福喜悅是第一真理

多數人視苦難為幸福喜悅的敵人，但，這是不對的。苦難與幸福喜悅是並存的，事實上，**能正視自己的苦難何在，就已經是一種幸福了**。相較於把苦諦稱作人生的第一真理，我倒覺得第一真理應是幸福喜悅。如果連受刑人每周都能有一小時的時間是充滿喜悅的，我們也辦得到。即使幸福喜悅的時間短暫，這也能讓人活力滿滿。

受刑人常怒氣沖沖地來到靜坐冥想大廳，但離開時卻是滿心歡喜，因為他們在這一小時中，能做自己、相信自己，而這就是療癒的基礎。他們身上背負的苦痛逐漸鬆脫，很多人也逐漸能在夜晚安眠了。

監獄裡的健康服務部門轉介了不少人到我們的靜坐冥想課，曼紐爾就是這樣加入我們的。他因為幻聽以及看見鬼魂，導致夜晚無法入睡。我引導他進行靜坐冥想，並建議他去感受自己的情緒，但是他做不到，而且感受不到任何東西。我總試著協助受刑人在靜坐冥想的第一個小時中，去碰觸自己的情緒（至少一種），這能讓他們體會靜坐冥想的實用性，然而，我這招卻在曼紐爾身上不管用。但是，我仍然繼續教導他，他也繼續學習。

到了第三周，突然間，他與祖靈連結上了——從那一刻起，他的夜晚就安寧多了，幻聽、見鬼的問題消失，他也終於能睡個好覺。這真是個奇蹟啊！

他開始能觸及自己的傷痛並訴說他的故事：他的祖先是目前

隸屬印尼的摩鹿加群島原住民。摩鹿加群島人在印尼內戰中協助荷蘭人作戰，之後來到荷蘭，等待荷蘭政府賜予他們獨立自主，然而這個夢想沒有實現。曼紐爾在這樣的環境中長大，直接遭遇了不公正的對待，而他的苦痛也是他祖先的苦痛，他的重大突破也是他祖先的重大突破。當他發現幸福喜悅的存在時，已高齡七十，他也開始以自己新發現的信心面對世人。之後，他開始把其他囚犯帶進我們的小組，大夥都稱他為「曼紐爾爺爺」。

對於那些接受過指引的受刑人來說，監獄可以是個獲得轉變的地方。但是這種情況並不常發生，即使像荷蘭這樣自由的國家，監獄的目的仍是讓犯罪者獲得應得的報應。當然，監獄是為了懲罰犯人而存在，然而為了解決個人問題和社會問題，受刑人更需要的是指引，若是沒有這指引，他們出獄後還是會再度重操舊業。監獄為我們提供機會去幫助那些陷入困境的人，這個機會能嘉惠每個人。

許多人告訴我，坐牢最痛苦的經歷是他們無法和自己所愛的人共處，也無法看著自己的孩子長大。孤立式的拘留是最嚴厲的懲罰，然而大多數受刑人也都是在孤立、孤獨的環境中成長。因此，能夠與家人聯繫對他們來說很重要，有聯繫也就有幸福。監獄裡的付費電話貴得驚人，但他們仍花了很多錢打電話回家。

自從曼紐爾與自己的祖靈聯繫上後，他碰觸到自身最深沉的幸福喜悅感。藉由靜坐冥想，我們再度與自己以及他人（無論是有形或無形）產生了連結，而幸福喜悅指的就是：從孤寂中解脫。

12. 彼得的故事

彼得十八歲時，便因為拉皮條和從事性交易被逮捕，他手下的一群女孩都是來自他叔叔的集團，由他差遣。我在獄中認識彼得時，他才二十歲。他向我描述自己如何提供那些女孩毒品，眼睜睜看著她們染上毒癮，他說：「一旦染上毒癮，你就失去了自由，這是我從家人身上學到的經驗。多數女孩的家世很好，但染上毒癮後，她們啥事都幹得出來。因此控制她們很容易，只要用毒品就行了。」

這差事讓他月入一萬兩千美元，但是，一個十八歲的孩子拿著這麼一大筆錢會做什麼呢？「我都花在度假、買昂貴跑車以及泡高級妓院。」

我問彼得，當時擁有這麼多財富是否讓他感到快樂呢？他想了想，回我說：「我以為我是快樂的。直到有一天，我注意到其中一個女孩變得極為孱弱……她染上了毒癮，而且瘦得不成人形。她曾經是個美女，但是我把她變成了那鬼樣，我偷走了她的生活，偷走了她的美貌。當我看到她受的苦難和折磨，自己也能感同身受，因此決定不再當皮條客了。」他如此年輕，就已覺醒。直到現在，他說的那一句「她的苦痛就是我的苦痛」，依然在我耳邊迴蕩著。

我們在佛教裡稱它作「互即互入」（又譯緣起性空）。**我們不是分離存在的個體，而是「我是你，你也是我」**。跳脫錯誤的認知，也能是喜悅的泉源。彼得過去的生活很極端，但他從中發現自己是藉由他人的苦難來賺錢和獲得自己的快樂。回頭來看，我們不也以自己的方式追逐金錢，並試圖購買幸福感，我們也是購買了建立在他人苦痛之上的商品。

像彼得這樣的人，若非取得他們的信任，他們不會輕易地分享自己的故事。身為監獄導師，我可以保密，也不必上報他們跟我說的話，但光這樣是不夠的。與他們會面時我必須不帶批判、不起「我比他們正直」的念頭。**我們總相信自己比別人優秀，當分離的兩個人面對面時，要做到相互傾聽可說是天方夜譚**。必須消融這種分離感，讓彼此的身、心合一後，受刑人才會跟你傾吐他的故事。互即互入是愛和悲憫的基礎。

我每天都開開心心地以導師的身分去上班，因為藉由現身監獄，我就能將自己的幸福喜悅分享給他們。他們看見我就能感覺到幸福喜悅，也能帶來一些安慰，這就足矣。我並不需要特別去做什麼，他們信任我。因為知道受刑人內在的最佳本性並不比佛陀要差，所以我不會起批判心，也全然相信他們是最棒的。

佛教相信每個人都有佛性，我很感激每天都有機會見證那真相，這可是金錢買不到的。受刑人給了我最有價值的禮物：他們的信任。

13.——喬的故事

有位名叫喬的犯人跟我說：「強，監獄外的每個人都在批判我們。」

受刑人入獄時會拿到入獄編號，喬把他的編號刺在額頭上。我問他為什麼這麼做，他說：「每次出獄後，路人都會迴避我。我走在路上時，他們會刻意走到對街去拉開距離，或是在我走進店裡時故意低頭不看我。所以，既然這樣，我為什麼要隱藏自己是罪犯的事實呢？」他問我是否了解他的情況，我回道：「不盡然，這有點難懂。」

「你要是有機會跟我一塊進城，跟在我身後就會看見大家有多怕我了。我曾試著融入，但都失敗了，我決定接受自己的命運，就把入獄編號刺在額頭上。」

即使自由地走在街上，這些受刑人還是在坐牢。**這座由偏見和恐懼所建構的社會壁壘有如銅牆鐵壁，隔絕了那些與眾不同的人。**同時因為在獄中受到隔離與感到孤寂，受刑人的自信早已受損，監獄導師的工作就是幫助他們重建自信。因此，我一直鼓勵他們停止批判自己、停止相互稱彼此為「罪犯」。

令人驚訝的是，只需要一些靜坐冥想的練習和佛法教學，他們就能輕鬆地獲得自由、解脫。他們習慣以東、西、南、北的水平視角看待這個世界，但我鼓勵他們與自己的祖先建立垂直連結。喬相信自己終其一生都會是個囚犯，但如果他能以垂直的視角看待自己，就會看見自己也是祖先的示現，他的祖先額頭並沒有刺上入獄編號。即使在服刑期間，只要進行垂直連結時，他們也能發覺如何在獄中獲得自由。

由偏見和恐懼所建構的社會壁壘有如銅牆鐵壁，隔絕了那些與眾不同的人。

14. 吉斯的故事

暴力，可能是因為缺乏自信。這觀點或許令人難以置信，**但是當我們停止信任自己時，我們也會開始惡待他人，信任自己的同時，你也會信任他人**。那些有暴力傾向的人，通常都不太相信自己有權利存在於世上。

吉斯經常在街頭和酒吧裡打架，並與警察發生衝突，他不明白自己為什麼一直重複這模式，也不喜歡自己的生活方式。因此，他要求和我談一談。

我們用深呼吸和深度傾聽開始了這場對談。吉斯告訴我，他曾以聯合國維和人員的身分在軍隊中服役，並幫助那些動盪不安的國家創造持續性的和平。由於他的權限不足，有時無法保護無辜的民眾，因此他後來要求轉調到另一個特殊部隊，在那裡他不需要獲得許可就能處決惡人。然而，隨著時間慢慢流轉，他已殺了九十二人。

吉斯在進入部隊前就已婚，但很少在家。他會寄錢給太太，但是當太太出現情緒問題時，無法陪伴在她身邊，後來太太生病、過世時，他也在海外四處征戰著。

在我們第一次會談時，他說出自己六歲時遭到姑姑凌虐的往事，他很訝異自己在第一次的晤談中就觸碰到這個話題。「我看了超過二十位心理醫師，但是從沒進展到這個地步。強，你是怎麼辦到的？」

我問他：「你為什麼跟我分享這段之前從未向其他心理醫師

揭露的事呢？」

他想了想後，回答：「因為我感覺得出來，他們只是在『工作』而已，甚至有些人在諮商時會一直瞄手錶，他們必須結束我的時段，才能接待下個客戶。但，你是用心在傾聽我的故事。」

吉斯六歲時父母離異，父親總是無法給予他所需的關照。這時姑姑出現了，她不但會給吉斯零用錢，還會寵他、陪他玩遊戲。直到有一次，她要求吉斯為她按摩，趁機猥褻了他。當時吉斯根本不明白發生什麼事，只知道自己不喜歡這樣，但姑姑後來會不停哄騙他玩這些「小遊戲」。最糟的是，姑姑有時會坐在他臉上磨蹭，讓他無法呼吸，近乎窒息，而這似乎會讓姑姑感到異常興奮。一段時間後，父親禁止他再跟姑姑見面，年紀還小的吉斯不清楚為什麼，但也從沒告訴任何人這個祕密。

長大後，吉斯無法找到「愛」，因為對他來說，愛就像是個性遊戲。他十四歲時，會用從姑姑那裡學到的錯誤方式去碰觸女朋友的身體，女朋友當然不喜歡，之後，他也越來越難談戀愛。

吉斯在自己的婚姻中並不快樂，很少見到太太與一雙兒女，總是待在戰場上戰鬥，他也就這樣持續逃避到我們的會談為止。

突然間，他能感知到、也看清自己到底發生了什麼事。之後的兩周我們也都持續會談，我建議吉斯寫一封信給那位還在世的姑姑，但他覺得寫這封信實在很困難。我清楚地告訴他，這封信不必寄出去，所以他可以儘管書寫。這個習題能協助他釋放那些恐怖的回憶，也讓他能夠以成人的角度看待這件事。當時身為孩子的他，無法處理那些連自己都不理解的情緒，因此這些記憶都埋藏了起來，也無法轉化，進而影響了他一輩子。

寫那封信對他來說是個解脫，雖然花了很大的力氣，但是值得。藉由寫出來，他更了解自己、了解姑姑，也更了解自己的人生。之後，他的臉上開始顯得光彩熠熠，不但展露出更多的幸福喜悅，也能在靜坐時經歷深沉的休息。

最終，他原諒了她。「她的所作所為是很邪惡的。如今我可以在寫信和靜坐時看到我們彼此都承受著苦痛。原諒她，我覺得自由了！那種內心深處的柔軟是我以前從未感受過的。」

我問他：「你對什麼事感到遺憾的嗎？」

「我為自己不是個好丈夫感到抱歉，因為太太需要我時我不在她身邊。只寄錢給她是遠遠不夠的，她需要我的愛，但是我卻給不出來。」

「一切都還來得及。」我說。

「但是，強，我太太已經過世了！」

「是沒錯，但是你的孩子還活著，你可以照顧他們。」

聽我這麼說後，他很開心：「的確是，我還有彌補的機會。」

「你已沉睡多年，覺醒永遠不嫌遲。如今，新的機會已來到，你可以從享受與孩子們相處的時光開始，藉由與他們相處，表達你對太太與對自己的愛！」

15. 我是你

在監獄裡帶領了幾個月的引導式靜坐冥想後，我能感受到監獄裡的氛圍變了。受刑人開始更加平和、寧靜地進到課堂，彼此交談時，也少了許多的憤怒。把靜坐冥想的環境佈置完善是很重要的，因此在開始前，我都會供應茶水、餅乾，並點燃一炷香，確定地板是潔淨的，供靜坐冥想用的坐墊也已小心翼翼地排放在地板上。

我們常覺得靜坐冥想是個人的修習，但並非如此，我們是一起練習的。我告訴受刑人：「我們就像同坐一艘船般，共同航向幸福與自由。你可以不做任何事，你可以只是坐在那，或者是加入划槳手的行列，全都由你自己決定。」

當他們走進靜坐冥想室，就已感到平靜，室內那股寧靜的能量早已存在，他們也感受到了。這個靜坐冥想小組成長迅速，為此我必須加開第二堂課，這是幫助他們重返社會生活計畫的一部分。

我在進行第一次講課時經常被打斷，他們很投入也很好奇，會對他們覺得不同意的事情迅速地做出回應。漸漸地，他們開始更深入地傾聽，很少打斷我的話，對「無我」的教導特別感興趣。

我說：「蘋果不僅僅是個蘋果，它也是個梨。你不僅僅是你，你也是其他人。」他們喜歡這概念。「我是你」這個說法，對他們來說不只是個理論上，因為，我看見他們應用在彼此的互動中。他們在課後不但會相互探訪，出獄後，有許多人依然保持聯繫並且關係越來越密切。

看到越來越多的穆斯林加入我們的課程，對我來說很特別。許多人說：「我需要靜一靜。」監獄中的幾位穆斯林導師「伊瑪目」（imam，用來稱呼伊斯蘭教的教長或神職人員）允許他們參與這個由佛教徒領導的靜坐冥想課，也給了我很多空間與這些穆斯林受刑人相處。

起初，伊瑪目並不認為佛教是一種宗教，而是一種生活方式。過了一段時間，他們得知自己對佛教有誤解，卻仍然鼓勵穆斯林囚犯與我們一塊靜坐冥想。有幾個人對我說：「你真的是我們的兄弟！請教導我們如何有意識地呼吸，因為我們的伊斯蘭教裡沒有這種教導。」

佛教既是一種生活方式也是個宗教。感恩祂的實用性和深度，讓我能夠將不同背景的囚犯們聚集在一塊，也讓他們一同經歷了和諧、安心以及兄弟情誼。

16.——瑞德的故事

某天，曼紐爾將瑞德帶到我們的小組。瑞德是一位臉上常掛著笑容的帥哥，也是「班迪多斯」機車幫會的一員。一個月後，曼紐爾又帶了卡爾來我們的小組，而他是「地獄天使」機車幫會的一員。瑞德和卡爾都稱呼曼紐爾為「阿公」。

瑞德的祖先是羅姆人，也就是吉普賽人，而他總是很難找到一個家。多年來他都扮演著局外人的角色，與妻子和孩子的關係也很糟糕，因此他最常和朋友混在一起。他會坐牢是因為「幫」了這些朋友一點忙，即使太太曾警告過他要小心身邊的朋友，他也只是當作耳邊風。

他曾像是個精力旺盛需要潑灑冷水的大火球。在小組的靜坐冥想中，他坐在我附近，我的能量冷卻了他內在的燥熱，他感覺到了，因此從未錯過我們的靜坐課。他安靜地坐著，離開時總是會說：「非常感謝你，強。」

曼紐爾爺爺看見了瑞德的改變。過去，瑞德每次跟太太講電話都會暴跳如雷，但是在他靜坐了一陣子後，開始能聆聽太太說話。更讓曼紐爾詫異的是，瑞德竟然開始跟卡爾說話了。「強，你無法想像這是多罕見的景象！敵對幫派成員是從不交談的。瑞德的改變真的很巨大，我們見證了一個奇蹟。」

在某次私人面談中，瑞德邊哭邊問我：「我該怎麼控制自己的怒氣呢？我只要一發怒，就會對孩子們拳打腳踢。」我定眼看著他說：「你可以控制住自己，你可以是家人幸福喜悅的泉源。」

「強，我很沒耐性！只要一生氣，我就會變得很暴力或是直接跑開。我從不待在家裡和家人相處，到底要怎麼學會有耐心呢？」

我回答：「瑞德，你很有耐心的。你在冥想中心時，都安靜地坐在我旁邊不是嗎？」

他微笑了一下，回說：「那是因為你啊！我天生就沒耐性，我微笑是因為要掩藏自己的憤怒。我的小孩都知道這點，所以他們很怕看到我的微笑。我對他們也掩藏不住自己的怒氣，他們知道那是我的弱點。」

我打斷他的話：「他們也愛你。你不需要掩藏，你是個內外皆美的男人，瑞德。也許你選錯朋友了，但是請記得你的生命中依然還有太太、孩子們這些美妙的同伴。」

當瑞德開始有自信後，他的轉變是顯而易見的。他還是會跟卡爾吵架，但是已能夠即時放下怒氣，並再次與卡爾重修舊好。這對瑞德來說是個全新的轉變，而他的改變也讓獄卒們驚豔不已。

出獄後，曼紐爾和他太太曾一同拜訪瑞德一家人，瑞德的太太告訴曼紐爾的太太說：「我幾乎認不得他了，他出獄後完全變了個人，不但會幫我忙，還會跟孩子們一起玩，也沒有再對孩子們拳腳相向了。到底發生了什麼事？」

17. 卡爾的故事

同樣的轉變也發生在卡爾身上。我遇到的許多受刑人都很有才華，他們只要有適當的指引，就可以朝著平靜、和諧以及穩定的方向迅速成長。卡爾雖然不像瑞德一樣是羅姆人，但自成年以來，他就沒有家。他一生四處旅行也經歷了很多，但從未找到過平靜。平靜就像是個家，它不僅僅是一種美好的感覺，也存在於所有的情感中。

相互聯繫和相互連結是不同的兩件事。所謂的聯繫，是指一個人需找尋到某個事物才能克服孤獨感。而連結，是指你已經是某種龐大事物的一部分，已不需要藉由某個事物來讓自己感到幸福，當你嘗過這滋味，平靜就會屬於你。卡爾在靜坐冥想中體驗到了這種平靜，這對他來說是個重大的改變。他的轉變對十六歲的女兒卡麗娜產生了很大的影響，因為卡麗娜很討厭見到父母親吵架。

我建議卡爾條列出他太太正向的特質，而且每次和她談話前，先以她的某個正向特質開起話題。對他的女兒也是如法炮製，永遠在女兒面前提到她母親的正向特質，這讓卡麗娜變得越來越平靜，母女倆也發現彼此在過去未曾發現的正向特質。

卡爾在發現了幸福喜悅後，開始把其他受刑人帶到我的課堂中。有天，他告訴我：「強，你幫了我好多好多！你是監獄中唯一一個敢做自己，而不以自己的職責角色當擋箭牌的人。你把自己奉獻給我們、愛我們，而且用真心引領我們。即使身處在一群殺人犯、強暴犯、一群社會上最難搞的男人之中，你也不做任何批判。因此，我們尊敬你，也願意聽你說話。」

我沒有把他們看作「難搞的男人」。和他們交談時，我看到的是有著艱困生活和過往的年輕人，終於流下了深藏的男兒淚。許多人年幼時就被遺棄，不得不在沒有大人教導或保護的情況下，學會捍衛自己。對某些人來說，待在監獄裡還比面對外面的世界要容易些。靜坐冥想為大多數人帶來了平靜，即使卡爾和瑞德依然會爭論得面紅耳赤，也還是敵對的幫派成員，但他們已不再拳腳相向。

相互聯繫和相互連結是不同的兩件事。連結，是指你已經是某種龐大事物的一部分，已不需要藉由某個事物來讓自己感到幸福。

18. ——屬於自己的勝利

監獄裡的衝突是能被化解的。受刑人能學習尊重自己、尊重彼此，以及尊重他們的生命，約翰的故事就證明了這點。

約翰已經連續好幾晚難以成眠，因為樓下牢房的受刑人整晚都大聲放音樂。約翰試著練習按捺住性子，但是他真的無法睡覺。因此，他找了一天下樓去向這位受刑人抱怨，要他別在三更半夜把音樂開那麼大聲，對方聽了也不甘示弱地向他咆哮咒罵。這在監獄是個很普遍的文化，如果那位受刑人太快接受約翰的要求，會被其他人認定是懦弱的，而「懦夫」在監獄裡會被霸凌以及勒索。

對方咒罵完約翰後就直接回到自己的牢房，約翰回罵後也氣沖沖地上樓回房去。其他受刑人都屏氣凝神聽著，每個人都感受得到空氣中彌漫著緊張的氣氛。約翰是個聰明的肌肉男，而且朋友眾多，因此大夥都認為一場激烈的肉搏戰即將爆發。

約翰那時其實很火大，而且計畫著要海扁對方一頓，但是在回到自己的牢房後，他坐了下來，專心地呼吸——他觀察到自己的怒氣。他後來告訴我說：「強，我做到了你教我們的方法。我沒有批判自己的怒氣，而且剎那間我有史以來第一次看見自己的怒氣。我那時氣得臉色鐵青，真的很想揍那傢伙。但是，我想到你的教導『無為』，我真的啥都沒做，就只是靜靜坐在那裡看著自己的怒氣逐漸消散。如果，過去的我能做到這一點，今天我就不會落得這下場了。我就是因為無法控制自己的憤怒才會坐牢的。」這實在是場偉大的勝利。

約翰又回到樓下那位受刑人的牢房前，所有人都屏住了呼吸，因為他們知道約翰是這個單位的頭頭，他必須為自己所受的羞辱做些什麼。

「進到他牢房後，我看見了他的恐懼。我伸出手並向他說聲『對不起』後，他當下明顯卸下了防衛，也向我伸出手；我們相互握手後，他也向我說『對不起』。強，那個晚上，音樂停了。」

約翰對於這場勝利感到驕傲，因為這是一場屬於他自己的勝利。

THE

BUDDHA

IN

JAIL

19. 約翰的故事

一位典獄長告訴我：「強，我認為監獄裡暴力事件的減少與你的靜坐冥想小組有關。雖然我們沒有證據，但我認為這是真的。」她也因此提供了一切我所需要的援助。

約翰非常年輕時就成了大藥頭，坐擁他想要的一切，特別是別人的「尊重」。他擁有昂貴的衣服、花稍的跑車，而且身邊總是圍繞著美女，但尊重對他來說是最重要的。

我問他：「你感到幸福嗎？」

「我參加派對、喝很多酒、大量嗑藥，也有無數的性愛，但是我感到過度疲勞。我被逮時才二十一歲，本來也打算停止這一切荒唐事。我在牢裡遇見了你，你教導我要懂得陪伴自己，你幫助我看見自己的價值。身為一個藥頭，我有的是錢與權。強，你知道《疤面煞星》這部電影嗎？」

「知道。那是由艾爾．帕西諾演出毒梟大王東尼．莫塔納（Tony Montana）的電影。」

約翰微笑道：「我有點像是艾爾．帕西諾的角色。這實在很瘋狂，手上有金山銀山的時候，我有些遠大的夢想，但不覺得自己是幸福的。如今，我在牢裡、身無分文，也不再有遠大的夢想，但我真心感到自己很幸福。現在的我不再關注遠大的夢想，反而會去注意生活中微小的事物。這些生活小事一直都在身邊，但我未曾去注意，像是言談、微笑、餐食、步行等。如果沒有被逮，我現在應該已經掛了。我很慶幸自己被逮入獄，有史以來，我第一次能感激生命。因為靜坐冥想的習練，讓我看見了生命的美妙。我想要好好地活著終老，也感激自己。過去的我需要他人給我尊重感，如今，**我尊重我自己**。」

約翰的「我尊重我自己」依然在我耳邊迴盪著。這不才是最重要的嗎？這不就是受刑人渴求的嗎？我是這麼認為的。他們對自己欠缺尊重、欠缺對生命的感激，也欠缺幸福喜悅的經驗。他們四處找尋幸福感，卻錯失了真正的幸福喜悅。

當年離開越南移居荷蘭時，我也學著相同的人生功課。我們每個人的內在都擁有幸福喜悅，但是我們卻從未察覺。然而，受刑人卻立刻就能感受到這股近在咫尺的幸福感，他們只是需要個榜樣來引導罷了。受刑人過去所遇到的人（包括他們的父母、老師以及朋友）都不是幸福的。因此，我協助囚犯們的首要工作，就是設法讓他們去經歷何謂幸福喜悅。當我自己體現出幸福喜悅時，他們也會感受到。

某天當我步行經過一長列的牢房時，一位受刑人隔著鐵窗看著我並說道：「你看見那道光了，對吧？」

我笑著回道：「我是幸福喜悅的。」

他點點頭說：「我看得出來，太棒了。」

約翰看見了自己的內在之光，這也是有生以來他第一次沉浸在自己的幸福喜悅中。他告訴我說：「現在的我，懂得享受細微的事物了。」

20. 一切都還不遲

佛瑞德是一位不相信上帝的前牧師，他在自己的生命中從未經歷過幸福喜悅。「強，沒人能成為我的榜樣。當我告訴靈性導師我不是上帝的信徒時，他們嚇到了也很不高興，並且要求我不准再說出這樣的話來，因此，我學會了閉嘴。然而，我無法瞞騙自己，因為我就是沒感受到幸福喜悅，所以我必須走下神壇。」

他停頓了一會，繼續說道：「長久以來我一直想自殺。我想死，但是殺死自己太難了，所以我把太太殺了，以擺脫自己的生命，因為我覺得坐牢跟死了沒兩樣。我不知道這些想法打哪來，但是它們每天都在我腦海中徘徊。有一天，殺死太太的想法浮現腦海，我制定了計畫，並且冷靜又充滿決心地執行了它。」他停了下來，然後問我：「這怎麼可能呢，強？我冷血地謀殺了太太卻沒有任何感覺？」

我想都沒想地回答：「因為你不快樂。」

佛瑞德聽我這麼說之後，當場嚎啕大哭了起來：「最慘的是，我不知道自己正承受著痛苦。我們的教會從不探討幸福或苦痛，不相信上帝與不幸福是個禁忌的話題。在監獄裡練習靜坐冥想，是我有生以來第一次發現所謂的幸福喜悅。」

我悉心地看著他：「佛瑞德，**你一直以來都是幸福的，你只是不知道怎麼去連結它罷了**。我很遺憾過去沒人能幫助你，如果你早點認識內在的幸福喜悅，就不會犯下那起謀殺案了。」

佛瑞德哭著說：「你說得對，我就不會犯下那滔天大罪了。

當時，生命對我來說一文不值，所以我做了一件自己覺得能逃離苦難的事。」

「一切都還不遲。」我回答道。

他定睛看著我說：「我殺了人，跑去警察局自首，警察都不相信我說的，我還得重複說兩次：『我殺了我太太！』你現在說一切都不遲，但我太太都死啦！」

我說：「你太太還在。」這話觸動了他的心。「你還愛著她，那就代表她還在你身邊，你也還在她心坎裡，她希望你能幸福快樂。」

佛瑞德又哭了：「她愛我，當然也希望我能幸福。」

「如果你幸福快樂，她也會有相同的感受。所以，一切都還不遲。」

你一直以來都是幸福的，你只是不知道怎麼去連結它罷了。

21. 我相信你，你也要相信自己

令人遺憾的是，西方人常認為佛教徒是沒有信仰的人。佛瑞德牧師常常來跟我談論基督教，我的話讓他覺得很困惑，但我都會解釋自己話裡的意思。有一次我告訴他：「只要你試圖在存在和不存在的範圍中尋找上帝，你便永遠找不到他。耶穌理解這一點。」

我能感覺到佛瑞德從這些模棱兩可的概念中解脫了，我看到他幸福快樂且親近上帝。佛瑞德問我是不是個信徒，我說：「我是，我是佛教的信徒。過去你還是牧師時，不是個信徒，現在你是個真正的基督徒，也是位真正的牧師了。藉由深入地修習佛教，你觸及了自己宗教最深刻的思想。」

「這很不可思議，但我覺得自己比以前更有信仰。」佛瑞德這麼說。

那麼，這對佛教徒有什麼意義呢？一個真正的佛教徒既是印度教，也是基督教徒、伊斯蘭教以及猶太教的教徒。佛瑞德藉由靜坐觸及佛教的深義，進而觸及了自己的基督教。我們需要更深入地探索自己的信仰，幸福喜悅就在那裡。

佛瑞德規律地參與我們的團體冥想課，他只是靜靜坐著，就讓自己的信仰出現了嶄新的面貌，也喚醒了自己的喜悅，他最鍾愛的就是那股寧靜感。某天講課時，我向他們說明我並未試圖傳遞教義，傳遞的只是個人經驗中的「信念」。如果你問我相信什麼，我會說：「我相信你。我的『信仰』喚醒了你內在某些部分。

無論你認同什麼宗教，你都要相信自己。」

如果，我只是花時間教導受刑人如何放鬆，這確實會有幫助，但不會造就任何的轉化。我盡力去碰觸每個囚犯的內心，在每場個人會談中，我靜靜地坐著，用正念呼吸法觀察自己的呼吸。但是佛教不單單只有教導正念，佛教的意義在於洞察力，協助每位受刑人超越彼此是分離的假象。佛教的中心思想是關於無「我」的領悟，如果囚犯依附在一個虛幻的「我」上，他將陷入絕望。如果他能擺脫「我」的幻覺，他將觸及自身無邊無境的內在，並更新自己對生命的信念。我在短短二十分鐘的初步會面中，就能幫助受刑人與自己內在深刻的喜悅感連結，而這個深刻的喜悅感是我們每個人本自具足的。

我們需要更深入地探索自己的信仰，幸福喜悅就在那裡。

22.——麥克的故事

麥克失手勒死女友時才十九歲，此後，他每晚都會聽見女友的慘叫聲——睡覺對他來說已是個天方夜譚。他在牢裡不讓健康服務部門協助他，就只是困惑且極為羞愧地獨自坐在牢房裡，所以健康服務部門就把麥克轉介到我這裡，希望我能幫上忙。

麥克頭低低地坐在我面前，我問他是否想安靜地坐著，也建議他把背打直坐好，讓呼吸順暢些。他聽了我的話照做，當我們坐在一起時，我感受到他那深沉的痛苦。當我們處在靜默時，我們能經驗到他人的疼痛與苦難。**同情意味著「感同身受」**，其實，我們能感受到他人的痛苦。

麥克深陷在自己的苦痛中。我什麼都沒說，就只是持續、專注地呼吸。過了二十分鐘，我的內在感受到一種轉變，我的痛苦減少了，這是個好現象。我問麥克是否感覺好些了，他小聲答道：「是的。」他現在覺得自己已平靜到足以跟我說話了，感覺起來就像他在重新學習如何說話。

麥可說他不知道自己為什麼會殺了女友。她當時在看電視，麥克卻起了「我要勒死她」的念頭，在他走過女友身邊時這個念頭消失了；但是，當他第二次走到女友身後時，這個念頭又浮現了，他又打消了念頭；然而，當麥克第三次走過女友身邊時，就下手把女友勒死了。之後，他走到河邊試著在樹上自縊。他在自己的脖子上套了繩索，但是不敢往下跳。因此，他就回家、看電視，然後上床睡覺。

麥克一輩子幾乎都是在孤獨中度過，他的父母離異且經常把他丟在鄰居家裡。他會騙鄰居爸媽其中一人在家，然後就自己窩在家，吃光所有他能找到的零食，並連續好幾天狂看電視。

參與靜坐冥想小組幾個月後，他說：「我不再感到孤獨，也嘗到了幸福喜悅的滋味。我熱愛烹飪，也開始為其他受刑人夥伴們做飯了。」獄卒們看見他的轉變都驚歎不已。麥克開始社交，不但會與其他囚犯交談，若他有空還會協助他們，這是他人生中第一次感受到希望的存在。

他曾告訴我：「現在的我比起過去的任何時刻都要來得更快樂。我在監獄裡找到幸福喜悅，這實在很瘋狂！出獄後，我也會盡力讓自己保持這股幸福感。」

在荷蘭，犯錯的人擁有改正自新的機會，麥克刑期期滿後將會出獄。你可能會認為他罪有應得，應該要繼續受苦，而且不該享有幸福快樂的權利才對。然而，像麥克這樣的年輕人，因為自身的苦難，不但為自己也為社會造成了很大的損害，處罰對他們無濟於事，也無法幫助這個社會。他們需要的是指引與支持，這樣才能真正阻止他們傷害自己與傷害他人。況且，指引比處分的花費少，還能降低受刑人再犯的可能性。

我們經常錯失了幫助類似麥克這種人的機會，因為我們身處的社會對司法報應式的處罰抱持著強烈的認同感。每位受刑人都代表著一個能提供幫助的機會，這能為他們與社會帶來救贖，而且幫助他們不困難，因為他們大多已準備好接受自己所需的人生功課了。我們每個人都會犯錯，也都有權接受援助，好讓我們學會處世的新方法。

麥克在我的陪同下能與家人會面。他的父母親在訪客區相鄰而坐，剛開始麥克的雙腳不住發抖，爾後他逐漸變得平靜，能做到自我接納對他來說是個很重要的階段。家庭在每個人的成長階段都扮演著重要的角色，對大多數受刑人來說，最嚴厲的處分就是不讓他們與家人會面。與父母會面給了麥克一個重要的訊息：「我們不會再讓你這孩子失望了。」

家庭是人的根基，沒了根，我們無法感到幸福。身為一個越南人，我深知不讓家人在困頓的時候失望有多麼地重要。

我們能否把監獄轉換成一個充滿救贖與幸福喜悅的場所呢？我相信我們辦得到——只要我們願意協助受刑人恢復他們與家人、朋友的關係，和最重要的，協助他們恢復與自身的關係，我相信這是可行的。很多受刑人拒絕接觸自己的家人或朋友，可能

是因為他們曾經遭到遺棄或背叛。因此，他們必須重建信任感，
而我們可以協助他們做到這一點。

23. 誠實能孕育出幸福喜悅

麥克很明顯變得越來越幸福：他姐姐不但開始來獄中探訪他，同時，他也在研究出獄後該如何開始自己的一門新生意。他被選為打掃自己單位的清潔人員，而受刑人都很喜歡清潔工作，因為這個工作賦予他們更多的行動自由，以及稍高的薪資。每次跟麥克談話，我都能察覺到過去的他有多麼痛苦，如今的他是多麼地幸福快樂。

如果監獄能成為一個幸福快樂的地方，犯罪率會增加還是降低呢？大多數人希望監獄是個能嚇阻罪犯再次犯罪的地方，然而，我覺得這是個謬論，因為**不幸福的人已不在乎會失去什麼**，

這才是最危險的啊！

一座理想的監獄，應經由共同靜坐來開始每一天的行程。靜坐對我們的生活起了正面的影響，而且改善了我們的吃、睡品質。夜深人靜時，很多受刑人都得如實面對自己的苦難，也會回想起自己過去對他人的所作所為。也許，他們白天時能與其他受刑人嬉笑怒罵，但是到了夜晚，他們都得真實地去感受自己痛苦的情緒，有不少人因此而尖叫或捶打牢房的門。監獄對此採用的對策就是給安眠藥，但是藥物並不能真正根除他們失眠的問題。即使服用安眠藥，他們還是睡得不好，也還是會感受到自己的傷痛。

我建議受刑人在睡前靜坐冥想，有不少人在睡前靜坐二十到三十分鐘後，睡眠品質得到了改善。麥克不再聽到女友的慘叫聲，但是他心底深處的悲慟並不會消失，而後悔本身也不是問題。如果麥克能感受到自己的傷痛，並接受自己的行為，他就能感受到內在的完整合一。

誠實能孕育出幸福喜悅，當我們在苦難之海航行時，誠實與自尊將會是助我們穩定航行的壓艙水。

如果能感受到自己的傷痛，並接受自己的行為，就能感受到內在的完整合一。

24.——看見自己的憤怒

我在獄中遇過很多成功人士，漢斯就是其中一位。他第一次參與我們的靜坐冥想小組時大約五十歲，靜坐結束後，他突然一臉驕傲地告訴我：「強，我這輩子從沒生氣過。」

我說：「我不覺得這是真的，我想你只是不曾看見自己的怒氣。」

他聽了很震驚，然後就嚎啕大哭了起來。我讓他繼續哭著，其他的受刑人也都靜靜陪在一旁。漢斯曾經是個龐大家族企業的CEO，也是整個企業管理層中唯一一位不是家族成員的經理人。他很有才華而且極受人們推崇，生活中的一切看起來似乎進行得很順利，不論發生什麼狀況他也都表現得很平靜。

然而有一天，他回到家後便開始毆打女友，女友邊叫邊哭，被他追得滿屋子跑，他就這麼持續傷害她約十分鐘之久。

「你為什麼要傷害我呢？」她問道。然而漢斯卻說不出個所以然來，他走進警察局自首說：「我差點殺了我女友。」

他告訴我：「我還是不知道自己怎麼會做出這種事？」於是，我引導他進行靜坐冥想以及自我觀察，好找尋他的憤怒。然而，他拒絕相信自己有任何怒氣存在。

就在某次的靜坐冥想時段結束之際，他上前擁抱了一位受刑人夥伴，並在他肩上哭了起來。三周後，當我再見到他時，他變得不一樣了。

他跟我回報說：「我碰觸到自己的怒氣了。」這對他來說是重大的發現，因為，**藉由正視自己的怒氣，他看見了自己不願接納的某部分人生，而在那瞬間幸福快樂也就綻放了**。他開始協助教導其他無法閱讀的受刑人夥伴，也分享了自己對人生的建議。能看到這種轉變實在是太美好了。

他告訴我：「我辛苦打拚了三十年，就是為了建立自己的人生、自己的家庭，以及自己的事業，而最終一切都付諸流水。看見自己的憤怒，讓我發現到自己內在還有很多部分是我不了解的。雖然失去了一切，但是我找回了自己。出獄後，因為前科紀錄的關係不會有人想雇用我，也許我會成為打掃廁所或做類似工作的人，但我感到幸福快樂。

「這不代表我將不再受苦，不同的是，如今的我可以看見自己的痛苦。過去的我就是因為看不見自己的痛苦，也看不見自己的憤怒，所以一切才會變得失控瘋狂。也許我很天真，但我覺得現在一切都會安然無恙，因為我已看見自己的苦難，也找到了深刻的幸福喜悅。」

25. 瑞克的故事

人往往認為坐牢的受刑人與我們大不相同，因為他們是「犯人」而我們不是。然而，我們在本質上都是一樣的。有些坐牢的人是無辜的，因為自己沒犯下的罪行進了監獄，我因此認識了神經科學家瑞克。坐了三年牢之後，司法終於還他清白，然而在坐牢的那三年歲月裡，瑞克最切身的所有人事物——家人、朋友、名聲、財產都已支離破碎。我剛見到他時，他怒氣凌人，而且一直為自己喊冤。雖說有些犯人會否認自己有罪，但有些人真的是無辜的。

在傾聽瑞克說話的當下，我就相信他所說的話，我莫名地確信他是無辜的。我了解他的怨恨，也經驗到了他的傷痛以及所承受的挫折感。在我的工作職責上，我不允許選邊站，只能在靈性旅程上陪伴每位受刑人。我告訴瑞克：「我能幫助你平靜地面對自己的狀況。」而這也就是他邁向轉變的開端。

每段靜坐冥想時光結束後，他都要比前一周來得平靜，當他再次出庭時，在眾人眼前的是個平靜的男子。法官在聽證會結束後拍了拍他的背膀，一般而言法官是不允許這麼做的，但是他不由自主地做了。瑞克的律師嚇了一跳，但是瑞克對此心思澄明。這是修習靜坐冥想的成果，法官會這麼做是出自瑞克本身的平靜，法官能感受到他是無辜的。

26. 四聖諦

即使會遇見很多的苦難，但是身為監獄導師對我來說是喜悅的。不過，來自苦難的負面能量會溜進人的身、心，因此很多同事無法承受，需要尋求我的幫助，讓他們在自己的工作上找到幸福喜悅。

我們要如何在生活中經驗到幸福喜悅呢？人們常認為佛教能提供協助你放鬆以及解決問題的練習法，事實上這也就是佛陀所教導的四聖諦：第一聖諦是苦諦、第二聖諦是集諦（關於苦之生起）、第三聖諦是滅諦（人可以袪除苦的根源）、第四聖諦是道諦，提供「八正道」令人們得以離苦得樂。

受苦通常被看作是個問題，因此必須處理造成問題的原因。對我來說，佛教的第一個聖諦並不是苦難本身，而是**苦難就是個真理**。乍看之下，兩者似乎沒有什麼不同，但本質上是大不相同的。**苦難會成為問題，是因為我們看不見它的存在；當我們看見它時，碰觸這些苦痛就成了解脫**。以漢斯的例子來說，當他看見自己的憤怒時，他就解脫、自由了。

佛陀並沒有說苦難（巴利語為dukkha）是個需要被解決或消滅的問題，他說的是**苦難需要被看見**。最危險的莫過於看不見的苦難。這在監獄裡是個大大的問題，因為監獄裡的人把受苦視為一種懦弱的表現。

佛教的第二聖諦所教導的不是問題解決法，也不是把受苦的根源消除或連根拔起。集諦的字面意思是指「痛苦的生起」（巴利語為dukkha samudaya），而巴利語的samudaya同時意味著起源和產生。苦痛不僅會產生，它也會消逝，而苦的止息（dukkha nirodha），就是第三聖諦。苦痛不會永遠持續下去，苦痛會存在，是因為它不但沒被看見，而且還被緊緊抓著。苦難既會產生，也會消逝。

所謂的消除苦痛其實是一種膚淺的解釋；因為，苦難不需要被消除，它只需要被看見。佛教講的是理解，而不是擺脫任何東西，即使苦難也不需擺脫。

苦難的消逝，是因為歧見消失了。佛教不是場戰鬥，佛教說的識別力（discernment）就是佛教徒頓悟的基礎。什麼都不做，只要盡可能全然地存在，就是所謂的第四聖諦「道諦」。我盡力將佛陀的這些教導應用於監獄中，奇蹟也因應而生。

消除苦痛其實是一種膚淺的解釋；因為，苦難不需要被消除，它只需要被看見。

27.——清空茶杯

芬恩是個多嘴的肌肉男，也是一位說話不長心眼的好鬥分子。他總是會在來到靜坐冥想中心時，大聲喧譁、喊叫，並向所有人展現他的憤怒。在我執勤的監獄裡有個紅、橙、綠的三色標記系統，被歸類為紅色的人，享有較少的行動自由，而芬恩剛加入我們小組時，他的標記是紅色。

芬恩的憤怒在靜坐冥想期間逐漸減少，而且離開時還帶著笑容。他的情緒在前後呈現出明顯的對比。在他學習靜坐冥想前，監獄的工作人員已竭盡所能地試圖讓他平靜下來，但成效不彰。然而，他在我們的小組僅僅練習三周後，不可能的奇蹟發生了，且令人難以置信。

我給了芬恩很多建議：「**你無法把茶倒進裝滿水的杯子裡**。」說罷，我就把眼前茶杯中的水給倒光：「現在，空間騰出來了。當你充滿怒氣，就無法容納其他事物。因為雞毛蒜皮的小事，你就動怒發火，幾乎是不會有什麼幸福、自由可言。」這個景象觸動了他，也讓他永生難忘。自從那一刻開始，他就懂得每天「清空自己的茶杯」了。

有一天，他告訴我：「我在工作廳遭人從背後襲擊了，那人真是個膽小鬼！如果真要攻擊人，也不要從背後上！我摔了一跤後，站了起來，順手抓住那個渾蛋，在那當下我可以把他幹掉，但是，我想起了你，想起了那個茶杯的故事，就鬆手放他走了。強，你救了他的命，也救了我的命。如果殺了那個傢伙，我就要終生監禁了，這可不值得！我猜他是受人委託來襲擊我的，沒想到我竟然會放他走。」

我對他的表現感到驕傲。我知道他變了，但是並不知道他能如此迅速地讓自己平靜下來。每次靜坐冥想結束後，他會說：「清空茶杯！放下！」說完整個人就變得平靜與幸福喜悅了。一周後他說道：「我又遭人攻擊啦，這次對方派來的是個小鬼頭，一樣是從背後偷襲，我也一樣摔了一跤。我起身後抓住他，一度認真想著要幹掉他，但最後還是放走他。讓他走的時候我感覺自己強壯，充滿自信，心裡非常自由。我太太聽到這事很高興。他們要幫我換牢房了，因為這裡不安全。」

芬恩美好地遵行了佛陀的教導。第四聖諦所談的苦滅道（dukkha nirodha marga），就是指終結苦難的方法。芬恩懂了八正道中的第一個修習「正見」，帶著正見的覺知，他的「無為」漂亮地拯救了兩條人命。

28. 無為

佛教徒有所謂八正道的修行：正見、正思維、正語、正業、正命、正精進、正念、正定。這些也是佛陀最基本的教導。這八條生活準則始於正見。擁有正念或正確的意圖，需要智慧讓我們擺脫錯誤的觀念，並幫助我們認識苦難的真相。「無為」總是會讓苦難消失於無蹤（即涅槃，或者是「苦滅」）。我曾在囚犯身上看過涅槃的境界，涅槃是芬恩成功的基礎，那種解脫的幸福喜悅超越了其他所有的幸福感。

我認為第一個真理應稱為幸福喜悅。真正的幸福喜悅是獨立於想法，甚至是獨立於幸福快樂的想法，而且它也不是未來就找得到的東西。那是一種當下能夠感受到、體驗到和感激的東西——而這種感覺可以藉由無為來達成。

29.
你是幸福的

像我遇到的多數年輕囚犯一樣，傑夫曾是皮條客，手下有十多個應召女郎。他保護她們，也從她們所提供的服務中賺了很多錢，他這麼描述他的工作：「客戶們都在尋找幸福快樂，但我無法給他們帶來真正的快樂。這些女孩本身就不快樂，怎麼會有辦法讓別人開心呢？所以我們創造了一種假象，我訓練女孩們觀察，找出顧客要的是什麼。他對快樂的想法是什麼？他要的是什麼樣的女人？他對這些理想女人的期望是什麼？我訓練她們假裝自己就是那個理想女性。大多數男人需要一個甜美的妻子，所以，女孩們學會表現出甜美、溫柔又貼心的樣子。這是一種幻覺，但我的客戶卻從中得到快樂，也為此付出了大筆的金錢。我販賣幻覺，因而變得富有。」

我總是告訴受刑人「你是幸福的」，然而，要以可信的方式在監獄中說出這句話並不容易。尤其是將第一聖諦描述為受苦時，這會讓聽者起畏懼之心——我們要的是幸福喜悅，最終卻是在受苦。因此，我們需要新的表達和解釋。

漢斯壓抑了他的憤怒，並認為他會隨著自己的成功而感到幸福快樂，但是苦痛爆發了，甚至讓他莫名其妙地毆打女友。他失去了錢財、職業生涯和成功，但他很幸運地在監獄裡發現了幸福喜悅。洞察力（而不是壓抑），可以幫助我們認清真正的幸福喜悅是什麼。

幸福喜悅是真理，我們也可以一再地觸及幸福喜悅。然而，幸福喜悅的根源到底是什麼呢？它既不是金錢、名聲，也不是性愛、食物或睡眠。佛陀把以上稱為「五慾」，並指出以上五種慾望沒有一項能真正帶來永久的幸福喜悅。我遇到的許多囚犯嘗過富有的滋味，但是並沒有帶給他們幸福感。我們當然需要金錢，但是擁有金錢不保證能帶給人幸福喜悅。這些受刑人很有錢，然而，他們還是不快樂。

傑夫藉由販賣女人和毒品變得富有，口袋總是裝滿鈔票。「每個人都知道我身上有現金，所以我隨身攜帶左輪手槍。然而，只有當你想要開槍時，手槍才會是個武器。如果有人叫你把錢掏出來，你會把槍拔出來，讓他們知道你會開槍。搶錢犯可以立即辨識出你是來真的，還是裝腔作勢；如果你只是裝腔作勢，他們會把你殺了！我所生活的世界就是那個樣子，一直以來都是氣氛緊張，事實上也滿悲慘的。」

我說佛教的第一真理是幸福喜悅，指的是我們本自具有的幸福喜悅，我們不需要去想像或尋找適當的狀態才會擁有，我們只需要誠實並感受它已存於內在的這個真理即可。

30. 無所事事無比珍貴

法蘭克藉由性愛尋求快樂，他不但讓太太吸毒，還一起參加成人俱樂部，看著她和十個男人亂交。對於事態發展到此地步，他感到後悔，卻無可自拔。跟我訴說這段往事時，他泣不成聲，無法原諒自己的所作所為。他以極端的性愛經驗尋求幸福快樂，最終只為他帶來無盡的傷痛。

擁有充足的睡眠很重要，但是睡眠本身無法帶來真正的幸福喜悅。嗜睡和暴飲暴食的問題來源是相同的：缺乏幸福感。**滿足五慾不會帶來真正的幸福喜悅**。

我們這個時代的第一真理是人人擁有本自具足的幸福喜悅

（sukha satya）。sukha 是指幸福喜悅，satya 是指真理；**幸福喜悅是個真理，你不需要做任何事就能感到快樂**。如果我們相信佛教的第二聖諦「集諦」（samudaya satya），也就是尋求幸福喜悅的根源，那麼我們就是帶著目標在找尋幸福快樂，這麼做還是會讓我們持續受苦。

很多人在退休後感到失落，然而，我們需要擁有目標才能讓自己感到快樂嗎？幸福感是沒有原因的。因此，「集諦」的集（samudaya）應該被解釋成「彰顯」。幸福喜悅是真理，而它隨時隨地都在彰顯。

真正的幸福喜悅不具原因，就我來看，這是第二個真理。換句話來說，幸福喜悅的根源是空無，我們無法找出任何一個造就幸福感的原因。在這個神祕且解脫的世界裡，我們什麼都無法抓住，我們可以停止追求，不需要藉由工作來獲得幸福喜悅。當我們能了解幸福喜悅是沒有根源的，不論我們看向何方，眼裡就只有幸福喜悅。當下，就是幸福喜悅的狀態。

多數人開始練習靜坐冥想時，他們需要設定一個目標（例如：平靜），然而我輔導的受刑人不需要成就任何事物。我只是簡單地說：「我們將靜坐三十分鐘。」我們常認為漫無目的（即apranihita，無願、無為、空）是無用的，然而，**能夠花三十分鐘的時間在所謂的無所事事中，不去尋找、達成或追求任何事物可是無比珍貴的**。

幸福喜悅是個真理，你不需要做任何事就能感到快樂。

31. 無我的覺知

我們總是感到自己是分離的個體，需要尋求與他人的連結，然而越是嘗試與人連結，就越是感到孤寂。孤寂在受刑人之間是個很大的問題。吉拉德在坐牢後變得沮喪，因為沒有任何家人願意到獄所探望他，他終其一生為家人付出一切，因此覺得被背叛了。我們要如何在這種深切孤寂的絕望中得到解脫呢？

佛教的教導中有所謂的無我（anatman）。為了尋找自我、尋求目標或成功，我們必須把自己從整合的世界中抽離。然而，在靜坐冥想中，我們只是安靜地坐著，剛開始這對受刑人來說是很困難的，但是他們做到了。沒有什麼比不知緣由靜靜地坐在那，要更讓人感到無所事事的了，但是囚犯們遵循著我的指示做到了。吉拉德告訴我：「當我安靜坐在那裡時，我與整個世界合一了。」這實在是個奇蹟。

我們常依據個人利益採取行動，而沒有考慮到其他人或身處的情境。以這樣的原則行動，會影響我們自身的言談以及其他行為。教導受刑人無目的、靜靜地坐在那，能協助他們再次與自己的生命連結。

佛教不是一種自助活動，若真要說的話，是一種非自助（non-self-help）活動。**從無我的覺知中揚升起的幸福感，要比從自我成長中生出的幸福感來得穩定**。無我的覺知能夠協助我們去愛其他人，這麼做也會讓我們從苦難中解脫。也就是說，當愛出現時，我們已從苦難中解脫。

32. 傑克的故事

傑克曾認為他的女友是完美無缺的。他是個教授私人課程的體能教練，大部分的客戶是有錢貴婦。他的行為表現總是適當且專業，隨著事業做得越來越有聲有色，他也越來越有自信。某天，女友告訴他，她非常痛恨對伴侶不忠實的女人，傑克聞言覺得自己可以信任女友，而且慶幸自己擁有忠實的伴侶。

接著突然間，女友坦承她和傑克的死黨產生了戀情，她說：「你總是不在家，都沒時間陪我，我覺得很寂寞！」傑克頓時覺得頭昏眼花，只記得自己接下來的記憶一片空白。事後回過神來，才發現自己持刀把女友刺死了。

傑克擁有其他人所想要的一切，一切也都看似進行順利，然而他沒有時間，無法陪伴女友、聆聽她的心聲。愛情需要呵護，對他女友來說，孤寂像是一種飢餓感。傑克所有的精力都放在事業上，這使他盲目，也讓他無法看清死黨的狀況。他後來才了解到自己應該能及早發現此事，因為所有徵兆都在眼前，他卻沒去注意。

即使在服刑期間，傑克仍在追求成功。他不但參加課程、在健身房運動，也獲得進修的文憑和證書。練習靜坐冥想讓傑克有機會為自己的人生按下暫停鍵，暫緩他那渴求成功的慾望，讓他擁有迫切需要的時間與空間。靜坐時，他敢於安靜地坐著體驗毫無目標的感受，他在那當下是無所事事的，他也覺得還不錯。他的驅動力停止了，也開始看清自己的人生。

他記得曾在女友的皮包裡瞥見一個保險套，也問了她為何會有那個保險套。女友說是從街上發保險套試用品的人那裡拿到的。回顧這件事，他才注意到當時女友的反應很怪異，然而他的忙碌讓他無暇多想，他告訴我：「我早該看見她的孤寂、她的苦難，以及她的不忠實。我沒覺察到自己因為忙碌而遺棄了她。」

我們能停止追逐成功，終日汲汲營營。第三個真理就是涅槃（Nirvana），它是一種超越幸福喜悅的境界，我們不需追逐它，只要不帶目的坐著即可。除非願意花時間處在漫無目的的狀態下，否則我們永遠不會經驗到這種幸福喜悅的層次。我們不停追求那些我們自認會帶來幸福快樂的人事物，但是，當我們能明瞭幸福喜悅是沒有緣由的時候，就能停止追逐了。

藉由二十或三十分鐘的靜坐冥想，讓那令人不安的無用感幫助我們看清事實。通常，我們的清明會被自己的慾望所掩蓋，當我們敢於靜坐時，清明、慈悲便會浮現。

驕傲和孤注一擲讓傑克感受不到自己的苦痛，而成功的緊箍咒，也讓傑克把自己的舊模式帶進監獄裡。只有當他願意靜坐，才能觸碰到自己久藏的傷痛，也觸碰到女友的痛苦。這也是他有生以來第一次感受到自己深深的悔恨，並為此哭泣。靜坐為他顯現出過去那些他不允許自己看見或感受的人事物。自此之後，他覺得自己重生了，也開始能好好吃飯、好好睡覺。

靜坐冥想為人們騰出空間去檢視裡面存有著什麼事物。當我們停止追尋幸福喜悅時，發現到的會是更深層且本自具足的幸福喜悅。

許多受刑人透過冥想發現，他們原本認為能替自己帶來幸福感的東西反而是種妄想。我們急於編造能獲得幸福的方法，卻錯過了擁有真幸福的機會。第三個真理就是終結幸福快樂的尋求與遠離苦痛。我們認為幸福快樂與受苦是背道而馳，為了追求幸福所投注的工夫，也讓我們遠離了自我以及自身純然的喜悅。

我們不停追求自認會帶來幸福快樂的人事物，但是，當我們能明瞭幸福喜悅是沒有緣由的時候，就能停止追逐了。

33. 四緣與涅槃

闡述佛法的古典文獻提到，想讓幸福和苦痛浮現需具備四緣：因緣、增上緣、等無間緣，以及所緣緣。請耐心聽我一一道來，我知道這些看起來很複雜。

- 因緣（hetupratyaya）：我們受苦是因為我們相信事件發生有其主要成因，這個想法其實是我們的心靈所捏造的。事件的發生沒有所謂單一的成因，果報是多種成因和條件相互作用的結果。首先，我們發明了一個成因，接著因之而受苦，因為我們相信那成因是真的。

佛教的第三聖諦，傳統上會稱為「苦的止息」，但我稱之為「幸福的示現」，因為它終結了線性思維，並教導我們單一成因的概念只存於心念中。幸福喜悅的所有「成因」也只存於心念中，真正的幸福喜悅不需要原因，當然也不是單一成因。**真正的幸福喜悅是沒有條件的**。

• 增上緣（adhipatip-ratyaya）：增上緣明確地表示，人所有的苦痛都源自我們的內在。我們餵養自己的苦難，也餵養自己的幸福喜悅。就如同植物需要種子（因緣）才能發芽，發芽後，它需要相關元素助其成長：雨水、陽光、土壤、空氣等。**受苦不是天生的，也非無可避免的，它僅是我們餵養苦難的結果**。我們餵養自己關於幸福的想法，也餵養自己關於受苦的想法，當我們停止追逐這些想法時，我們就能停止受苦。涅槃是一種幸福喜悅的形式，它不需要任何成因，也不需要餵養，只要無為，我們就可以享受涅槃的境界。

不帶目的的靜坐可以引領我們達到涅槃的境界。當我們停止獵取幸福喜悅時，我們的苦難就終止了。

- 等無間緣（samanantarapratyaya）：等無間緣意味著苦痛需要連續性才會存在。當我們停止餵養自己的苦痛時，連續性停止了，痛苦也就隨之停止了。

- 所緣緣（alambanapratyaya）：苦難需要客體，亦即我們相信某個人事物必須對我們的苦難負起責任。此客體不必存於外在，我們有時認為自己就是該負起責任的人。受刑人通常會責怪他人讓自己受苦，然而真正讓他們受苦的往往就是他們自己。**只要我們認為某個人事物該對我們的苦難負責，那麼這個苦難就會持續下去**。這種想法是我們編造出來的，並非事實，一旦我們看清楚這點，憤怒、仇恨、沮喪，都會戛然而止。

只要這四緣的任何一緣消失，涅槃就會出現，苦海也就消失了。只有涅槃能讓我們從有限的幸福概念解脫，也只有真正的幸福喜悅能取代虛假的幸福感。當我們能靜靜坐著不動時，就會停止餵養自己的苦難，這就是涅槃，它會讓生命做出重大的改變。

34. 真正的安全感

艾德是個安靜的男人，我們初見面時他也沒說什麼。就如同其他和我相處的受刑人，他的成長過程也是欠缺關照。我給他愛以及全然的關注，並看見他開始感到有安全感。

孤寂可能是受刑人所面臨最大的痛苦，因為他們必須與家人、朋友分離。對大部分的人來說，分離感早在他們受到監禁前就產生了。艾德告訴我：「我母親有購物癖。她買的東西堆滿家裡，多到我們連居住的空間都沒有了。」他的痛苦與母親的購物癖無關——他痛苦是因為那股孤寂感。

透過靜坐冥想，艾德得以觸碰自己過去的經歷，感受到自己的怨恨，也感受到了母親的脆弱。隨著我的引導，他寫了封情書給自己的母親，感激她過去雖然也不好過，卻還是為他付出許多。

經由我們共同的努力，我看著艾德從青少年轉變成一個成年人。以某部分來說，這是做得到的，我看見一個掙扎著找到自己的想法與遠景的成年人。為了自由以及自我的完滿，我們必須為自己著想。

當我看著艾德時，我看見了他的家人、他的祖先，以及這整個社會。艾德入獄不只是因為他做錯事，以某方面來說，是整個社會要為他的行為負責。我們需要運用我們的洞察力，而不是只稱呼艾德的名字「艾德」，他不是孤單的，他代表著我們全部人。

大眾慣於視彼此為「帶有名字的獨立個體」，但是，一旦放下自己的名字、放下自我期盼時，我們就變得單純了。艾德的本性是獨一無二，同時，他也屬於更宏偉事物的一部分，即使法庭判定他有罪，但是在我的心中，他不但是我的一部分，也是全人類的一部分。我只能在看見這個狀態時，才會有辦法幫助艾德。如果沒有把他視為我們的一部分，我也會以艾德所犯的過錯進行批判，然而，這樣的觀點反應出的其實是我個人的侷限。

將認為是邪惡的人關進監獄後，我們往往便覺得自己安全了。然而，我們每個人心中都住著一個罪犯，如果我們不認識這個「自己」，那麼我們還是不安全，因為，像前面提過的漢斯，就是對那個不知打哪來的黑暗情緒摸不著頭緒。**除非我們能了解自己，否則，我們也會成為自己孤寂與無知的囚徒。唯有清明的洞察力，且毫不隱藏的自我，才能夠帶給我們真正的安全感。**

THE

BUDDHA

IN

JAIL

35. 信念是一種敞開

聆聽過牧師佛瑞德的狀況之後，我開始聽見其他的監獄牧師說他們不相信上帝。當我認真去感受他們話裡的含義時，發現其實他們不相信的是自己。不論是相信上帝、相信他人、相信囚犯或是相信自己，其實，這些信任感是沒有差別的。監獄導師信任囚犯是很基本的，如果沒有這股信任感，那麼我們這些導師能提供什麼幫助呢？當一個人身上散發出堅定的信念時，你能感受得到，而這股信念就能產生轉化。

我們的生命，都需要一些不批判我們的人存在，然而受刑人周遭卻都充斥著帶著偏見的人。他們需要的是敞開胸懷的監獄導師，而**帶有批判的人會發散出一股歧視感**。佛陀所教導的正見，能讓人們相信自己與他人都是圓滿的，當你在看待任何罪犯或別人時，就能把他們看作佛陀。

我讀過哲學家貝蒂娜・斯坦涅思（Bettina Stangneth）的採訪，她認為去理解囚犯是錯誤的行為。她告訴採訪者：「看看我們談論恐怖分子的方式。我們想了解他們，所以還會幫忙找理由，例如『他們因為擁有不幸的童年，所以殺了人』。犯罪分子很明顯無法像我們普通人般清楚地思考，無法明辨是非對錯，他們就是這麼糟糕。」*

斯坦涅思博士認為恐怖分子就是「壞人」，而這與我們自認

*二〇一七年五月四日，《荷蘭忠誠日報》，〈思考是人們所擁有最危險的工具〉一文。

為是「好人」的信念密切相關。以這種方式思考永遠無法讓我們團結在一起。我們遺棄壞人，也切斷溝通。在我讀到的那篇採訪中，她被問到：「理解罪犯是否意味著你贊同他們的行為呢？」

她回答：「這正是問題所在。因為，一旦你能理解他們的道歉或犯罪的理由，你就與罪犯站同一陣線上了……」

對她來說，犯罪涉及到對立的兩方：肇事者和受害者。罪犯和恐怖分子都是肇事者，我們片刻也不該把他們視為受害者。理解罪犯們變成是件可怕的事，斯坦涅思博士認為這麼做有如寬恕他們的行為。

對我來說，理解是最深刻的思想形式。因為它不是出於「好壞」的二元性，而這就是我所說的信念：這是一種敞開，日本禪師鈴木俊隆把它稱之為「初心」。除非你對某人有信心，否則你無法幫助他，唯一的方法就是懲罰。然而，受刑人需要的是幫助，不是懲罰。

36. 坐正坐直

正語總伴隨著深度的傾聽。吉斯向我說了一小時的話，向我訴說了姑姑虐待他的往事，也開始感到悲傷。在第二次的會談尾聲，他問我是用了什麼獨門祕方讓他對我傾吐心事。實際上，我沒有什麼祕訣，我只是用傾聽自己的方式在聆聽受刑人對我說的話。現代人太容易分心，能做到深沉的傾聽是極為罕見的，實際上，我們所需要的是心無旁鶩且無所為地在自己的內在創造空間。

連結彼此，始於姿勢與呼吸。把背挺直坐正、覺察自己的呼吸，這就足以顯示出我們是認真且全心全意地對待他們，並且尊重地傾聽他們說話。受刑人已經覺得自己是不完滿的人了，如果你還心有旁騖地聽他們說話，他們絕不會向你多說些什麼。

把背挺直坐正，這對受刑人來說，你表現出的便是自己全然專注，認真看待他們所面臨的困境，而這樣的態度足以激勵每個人。

身為一位禪坐者，我所受的訓練就是把背打直坐正。二十年前我開始禪修時，一直不懂正襟危坐為什麼那麼重要，直到在監獄裡與受刑人對話時，坐直坐正的價值才彰顯出來，而且傾聽的品質也會隨著坐姿的品質呈正向增長。即使在聽到一些令人驚懼的故事時，我還是能夠保持正襟危坐，這也讓我免受滋生批判的困擾。

佛陀說：「我的教導在初始時是好的，在過程中是好的，在結束時也是好的。」坐姿也是如此。我們在剛開始、過程中、結束時都該把背打直坐正、坐好。想好好傾聽這些艱困的故事，我們需要穩定。當一些經歷過創痛的人或囚犯看見我們穩定度不足時，就會停止說話。當我把背打直坐好、處在當下時，我就能轉變監獄裡的氛圍。

端坐在坐骨上（不是尾骨），坐直、坐正並保持脊椎挺直，讓頭部與肩膀坐落在同一條直線上。身體坐直能輔助呼吸，而呼吸亦能輔助坐姿。我都會邀請受刑人跟我一起把身體坐直坐正，在我的經驗中，他們對我的邀請是感激的。

現代人太容易分心，能做到深沉的傾聽是極為罕見的，實際上，我們所需要的是心無旁騖且無所為地在自己的內在創造空間。

37.

傾聽，始於有意識地呼吸

有意識地呼吸，不但能讓身心合一，也能讓兩人的距離更為貼近。當我帶著覺知呼吸時，我與談話的對象合而為一，這麼做，也能讓我經驗到囚犯的情緒從傷痛轉至平靜。堅信我們是「彼此獨立且擁有明確界限的個體」，並未受到我們能感知他人情緒的這個事實的支持。我們真的是獨立的個體嗎，或者，那只是個我們創造出來的概念呢？

患有注意力不足過動症的受刑人認為自己無法安定地坐著，然而，當我坐著不動時他們也做得到。在靜心冥想時，我會和他們坐在一起，而且他們能不動如山、穩穩地靜坐。藉由一同呼吸，我們經驗到彼此的連結，而「自我」與「他人」的分離感也逐漸消融。

受刑人只要藉由呼吸與我產生連結，就能開啟他們的傾聽模式。甚至是在他們開口前，我們彼此都已處在深度的傾聽模式中。首先，我會聆聽他們的情緒感受，通常是痛苦以及憂鬱的經驗。我把他們的傷痛以及他們的抑鬱當成是自己的感受在經歷著。**藉由聆聽自己，我們能更真誠地傾聽他人**。

傾聽，始於有意識地呼吸。有意識地呼吸能協助我們聽見自己的聲音，也聽見他人的聲音。但是，我們到底在聆聽什麼呢？我們可以透過自身，聆聽受刑人的心聲。在聆聽時，我經驗到的總是他們的痛苦：一種長久以來，被深藏、無視且被否認的痛苦。當這痛苦威脅到生命時，為了生存，我們不但會否認它的存在，在行住坐臥上也會對它視而不見。

藉由有意識地共同呼吸，痛苦浮現出來，受刑人再也無從隱藏。我了解這一點，如今他們也明瞭，那麼，溝通的基礎就建立了。否認痛苦的因子瓦解，有意識地呼吸喚回他與自身的溝通管道，而這也是療癒的開端。

度過最初的不適期後，和我一起修習的受刑人開始享受自我探索的過程，在更深一層的意義上，他們甚至已能享受傷痛，也很開心能與自己的傷痛和平共處。能夠深入地正視自己的傷痛並非易事，因此，你需要引導與支持。受刑人與我都需要勇氣引領他們迎向苦痛。處在直視自己苦痛的狀態是很難長久維持的，然而藉由與苦痛同在，我們可以見到苦痛化為喜悅的過程，這是無法反其道而行的。受苦與幸福，傷痛與喜悅並沒有差別。

如果方法正確，光是聆聽與正視，就足以將苦痛轉化為喜悅，而且轉化的過程迅速。經過二十分鐘的共同呼吸後，我們彼此都感受到了一股喜悅。歷經多年的掙扎，能夠體驗到這股平靜感是很美好的！當然也有必須忍受內在苦楚長達數個月甚至數年後，才有辦法領略這股平靜感的案例。不論時間的長短，自我探索的成果都是種解脫，也給了我們一種生命的完整感。

佛陀在深度傾聽自己的心聲時，發現了苦痛的真理。創痛磨難是來自哪呢？苦痛在受刑人的生活中占據了重要的位置，大部分人也因為苦痛最終步上坐牢的命運。人們對於受刑人所承受的苦痛不夠重視，而獄卒們也在受苦，因為他們也不知道該如何處理自己的苦難，卻長時間身處在充滿磨難的環境裡。年復一年，監獄這股能量讓獄卒們筋疲力竭，這也間接地影響了受刑人。

38. 傾聽能創造奇蹟

只要身體坐直，有意識地呼吸，我就能感受到以及聽到受刑人的心聲，如果我們不帶批判，就會聽得很清楚。一行禪師稱之為「慈悲諦聽」（compassionate listening），其原型就是觀世音菩薩：

我們祈求您的名，觀世音菩薩。我們渴望學習您的傾聽之道，以協助減輕世界上的苦痛。為了理解世人，您了解傾聽之道。我們祈求您的名，讓我們能全心全意且抱持著開放的心來修習此傾聽之道。我們會毫無偏見地坐下來傾聽；我們會不帶批判、不做應答地坐下傾聽；為了深入了解，我們會坐下傾聽；我們會坐下來認真傾聽，以便能聽懂對方所說的話，以及未說出口的話語。藉由深刻的傾聽，我們知道這就已減輕對方的痛處和苦難了。*

巧妙的傾聽使我們能理解和轉化苦痛，當我們理解苦痛，我們就不會評判任何人。深度傾聽使聽不到的聲音原音重現。大多數的受刑人在情緒上，還沒強壯到能聆聽自己的苦痛，他們需要幫助。當他們向善於傾聽的人講述自己的故事時，許多人可能是第一次探索到自己的苦痛。面對苦痛讓我們嘗到自由的快樂，也

*《心靈誦經》，一行禪師著。

讓我們從不知如何快樂的無知中解脫。一個好夥伴可以幫助他們傾聽自己的心聲，可以讓他們有信心，相信自己所表達的話語很重要。

伯特無法忍受他母親或妹妹觸碰他，連朋友們的觸碰他也無法接受。他無法接受帶有愛意的情感表達，最讓他感到開心的就是戰鬥，他也因好勇鬥狠而頻繁出入監獄。在我們一同呼吸後，我聆聽他說話，他也對能有這段談話表示感激，承諾會在自己的牢房裡繼續練習正念呼吸法。他每天都練習靜坐冥想，直到某一天，他有了重大的發現：他記起過去曾被舅舅虐待。這可是個重大的突破，他終於看見自己痛苦的根源為何。

當他年幼時，常常是舅舅幫他洗澡，舅舅總會趁著為他擦乾身體時，不恰當地觸碰他，這讓伯特起了不舒服的感覺。他不明白這種感受，後來變得不願意讓任何人擁抱，即使是母親或妹妹也不願意。他不明白這是怎麼一回事，也成了個有事都往肚裡吞的悶葫蘆，在往後的人生中，他就再也無法向人表達愛意了。

在自己的牢房裡靜坐冥想時，伯特發現了長年來封閉自我的原因，從那之後他變得較為溫和。當母親來探視他時，他告訴母親這件陳年往事，沒想到母親跟他說，她過去也曾遭到同一個人的侵害，這人可是她自己的哥哥啊！伯特擁抱了自己的母親，這也是他有記憶以來第一次擁抱母親，他們彼此感動地痛哭流涕！他也從無知中解脫了。他遭受痛苦的原因不僅僅是受到親人的虐待，還有不理解是什麼原因造成了他的行為。

從無知中解脫後，伯特變得非常幸福快樂。出獄後，他找到了工作，重拾自尊心，而且有生以來第一次跟妹妹變得相當親近。妹妹哭著說：「我等這一刻等了好久好久。我好愛你，但是，我不懂你為什麼不讓我碰你？我愛現在像是個嬰孩般溫和柔軟的你。」

傾聽能創造奇蹟，它比懲罰的成本更低而且更有效。深度傾聽，我們為世界創造了更多喜悅的居民。

巧妙的傾聽使我們能理解和轉化苦痛，當我們理解苦痛，我們就不會評判任何人。

39.——靜默的力量

有品質的傾聽需具備四個要項：姿勢、呼吸、專注力，以及靜默。前三個要項，需花時間練習，而第四項靜默，要求的是「無為」，亦即什麼事都不做。

我和受刑人之間的對話起始於邀請他們與我一起安靜坐著，當我們的思緒沉靜時（即使只有片刻），通往靜默的門就會敞開，在寧靜之中，我們就會感受到自己的傷痛了。

我們透過種種思維模式來理解自己以及這個世界。當這些思維模式和觀察的習慣停止時，我們會觸碰另一個維度——靜默。在這種情況下，清明浮現，誤解消融。接觸到何謂靜默，可在瞬間轉變一個人的生命。

根據我的經驗，所有囚犯都很享受這股靜默。他們參與靜坐冥想，安靜地坐在一起，享受這不受監禁的一小時。他們感到自己真正活著，內在無望的感受也受到撫慰。過去大多數人認為只有在出獄後才能恢復生活，因此總是活在未來。

然而，就在這深層的靜默中，他們發現了新生，也經歷到了幸福喜悅。在監獄裡，靜默是一種稀罕而寶貴的資源。我一次又一次地見證受刑人如何從短短幾分鐘的靜坐中，獲得深刻的幸福感。

當囚犯和沉靜之人聚在一起時，他們是有能力享受那股寧靜感。如果你以靜默為基礎開始進行對話，另一個人就會自然加入那深沉、寧靜的空間。若能觸及這種平和感，轉變是有可能的。

放鬆的技巧百百種，然而只有少數幾種能引導到真正深層的靜默。多數技法只能幫助你避開或壓抑苦難，然而，苦難總是會再度回頭，有時甚至會變得更為強勁。

在靜默之中，我們看到的是事物的原貌，這種洞察力是我們本自具有，他人亦無法奪走。過了一陣子後，受刑人一到冥想中心就能立刻感受到這股寧靜，隨著他們變得更強壯、更穩定，我看見靜默的力量在他們內在茁壯成長。

在某次靜坐冥想後，我舉起一尊佛像，問道：「這是誰呀？」他們抬起頭回道：「這是佛陀！」

我說：「再猜一次。」等著他們給我其他答案，沒有人回應，我便說：「這就是你啊！這是你的自畫像。」然後，我親手交給每個人一尊佛像，讓他們擺放在自己的牢房裡。我覺得這麼做，會讓他們想起平和與靜默的維度。我們無須做任何事來接觸它，只需要靜坐、沉靜、無為即可。

40. 憂鬱症是一種真理

佛教把帶有慾望的幸福，以及不帶有慾望的幸福，區分開來看。前者不是真幸福，因為我們的慾望無窮，總是想要更多，永遠不會得到滿足。佛陀把這種狀態比做狗啃食著一根沒有肉的骨頭，光是啃食骨頭永遠無法滿足狗的飢餓感。在靜坐冥想小組裡，這些受刑人第一次遇見不帶慾望的幸福喜悅感。當你有幸觸及到那種幸福感時，會停止向外找尋，你會知道那就是真正的幸福喜悅。傾聽，有助於他們體驗這種幸福，並成為他們人生的新路標。

許多受刑人容易患上憂鬱症，他們需要不同的能量讓自己往前邁進。我不認為憂鬱症是一種疾病，就佛法來看，憂鬱症是第一真理的一部分，是苦難的體現。苦難是一種真理，不是疾病，這是一個必須被看見和感受到的事實。

只有在不知苦難存在的情況下，苦難才會具有危險性。當我們因憂鬱症而受苦時，那兒存在著我們不願去感受的痛處，也存在著我們還沒學會去面對的苦痛。我們認為自己不夠強大，無法面對它，然而，這是大大地低估了自己。

我們認為憂鬱症是個人問題，然而它也是社會問題。許多囚犯都是獨行俠，也是承載著苦痛的孤獨者，若對自我有這種觀感就會導致憂鬱症的產生。我們要怎麼讓他們知道自己不孤單呢？許多受刑人的家人都讓他們失望，沒人探訪他們，也沒人想念或關心他們。他們會因此感到沮喪也不足為奇。由於這種水平的連結斷開了，因此他們需要的是垂直的連結，垂直的連結來自靜默，也才是真正幸福的源泉。憂鬱症的療癒始於與人產生連結，我曾見過憂鬱症患者與垂直連結完好的人坐在一塊，雖然只有幾分鐘，但他們曾一度從憂鬱症中解脫。

苦難是一種真理，不是疾病，這是一個必須被看見和感受到的事實。只有在不知苦難存在的情況下，苦難才會具有危險性。

41. 慈愛

瑞德出獄回家後，他太太竟然認不出他來。因為他帶著「慈愛」（maitri），以嶄新的方式與太太和孩子們談話。瑞德在坐牢期間，已經與自己內在的愛以及幸福喜悅產生了連結，如今他把這個領悟的成果帶回家。

幸福喜悅並非只是美好的感覺或正向的人生遠景。通常當美好的感覺消失，我們容易再次感到生氣與不滿。一旦培養了真正的幸福喜悅，就會知道如何面對愉悅感過後所出現的困境。

前科犯經常遇到外在環境的挑戰，像是經濟有狀況，家裡沒有足夠的金錢維持生活，或是有些人在情感關係上不順利，太太或伴侶在他們服刑期間選擇跟其他人在一起等等。馬克就遇上了這個狀況，他一直無法聯繫上太太，直到有一次我跟他說：「我想，她是跟別人在一起了。」

他緊張地笑了起來。我向他解釋為什麼我會這麼想，但是他無法置信，並告訴我：「她不會這麼做！」一個月後，他得知我說的是真的。他問：「你怎麼會知道？」然後接著說，「當我聽到這消息時，你的話幫助了我，至少我不是沒有任何心理準備。不過，我真的很生氣……強，我能再次感到快樂嗎？」

這是個很好的問題。此時此刻，要馬克再次感到開心似乎是不可能的事。他無法入睡，並對身邊的人發脾氣。我教他真愛的第一個面向「慈愛」，亦即我們每個人都有快樂的能力。他不明白地說：「知道我太太和另一個男人發生關係——還在我床上耶，我怎麼開心得起來？」

「不要低估自己，認為自己只有在某些條件下才會開心。」

馬克和我坐在一起，突然間觸碰到某種固有的幸福喜悅感。他很吃驚地說道：「這怎麼可能？我很痛苦，但同時我也感到幸福。」

生活中一切平順時的快樂，並不是真正的幸福喜悅。馬克娶了個美嬌娘，也有兩名可愛的孩子，工作的薪水很高，生活中的一切也都進展順利，直到他因運送毒品而入獄。對他來說這是一段痛苦的旅程。受刑人通常認為他們只有再次獲得自由時才會感到快樂。但是，在他們獲釋出獄後，許多人仍感到絕望，因為他們在鐵窗外不再擁有穩定的基礎。他們在絕望中變得不快樂，甚至危險，並且有可能犯下謀殺罪，甚至是自我了斷。對於任何一位重新回歸社會的人來說，學著練習慈愛、無條件的愛以及幸福喜悅，都是必須的。

馬克開始被動手殺死太太的想法給攫住，這需要些工夫來化解，所幸他逐漸在自己的苦痛中找到了幸福感，他放下了殺妻的想法。

「我不再畏懼生命了。最糟糕的階段我都經歷了，往後事情只會變得更好。如果，現在的我能感到幸福喜悅，我就可以隨時感到幸福喜悅。」

他在監獄裡打球運動，也結交了很多獄友。我經常看到他，有次他又再度問我：「你怎麼知道她和別人在一起？」

我告訴馬克：「你的太太很痛苦，急於想和他人在一起。」

我告訴他，他太太和他所承受的傷痛是一樣的，並請他想想，他現在可以做些什麼來減輕太太的痛苦呢。馬克回說，是太太必須減輕他的痛苦。「我才是待在監獄裡的那個人！」

我提醒他：「你發現了幸福喜悅，但是，她還沒有啊。」

馬克知道我說的是事實：雖然他正在受苦，但他嘗到了真正的幸福喜悅，而太太還沒有。這是自從發現太太與別人在一起後，馬克第一次去感受她的苦痛和折磨，並在一段時間後表示：「我不會殺她。我不會再去見她，也不會傷害她。你幫助我嘗到了幸福喜悅，如今也向我展示了太太的傷痛，我為她的遭遇感到難過。」

慈愛是我們能感到快樂的能力，而悲心（karuna）是另一種愛，是我們減少受苦的能力。兩者是一起交互作用的，當幸福感讓痛苦減少時，那個幸福喜悅才是真實的。通常，當我們認為自己很幸福快樂時，能釋放痛苦的往往不是這種幸福感，只有真正的幸福喜悅才能釋放痛苦。

前面提過的彼得，他曾經很享受皮條客這個工作所帶來的金錢與奢華生活，他認為自己很快樂。但是，當他看到旗下的女孩變得既憔悴又深陷毒癮時，他發現了苦難的真相。當他清楚看見那些女孩所受的折磨，他意識到自己也開心不起來。

當你的快樂是建築在他人的苦難上，你怎麼還能感到幸福呢？

42.

慈悲

許多受刑人只有在經驗到自己內在的幸福喜悅後，才能感受到他們施加在他人身上的傷害。當我們能感受到自身的苦痛時，幸福喜悅才會浮現；否認苦痛的存在，會使幸福感更難浮現，也會讓我們更痛苦。

靜坐冥想為我們創造了空間，讓受壓迫的苦痛變得有意識。靜坐，為苦痛騰出了空間，讓我們發現自己內在本自具有的深刻幸福感。「悲心」讓我們有能力去看見、尊重我們自己以及他人的苦痛。如果我們不去餵養自己的苦難，它就會逐漸銷蝕。我們能認清也知道什麼是受苦，因此，我們不會餵養它，不會強化它。

馬克看到妻子的苦難後，不再責怪她，同時也減輕了他自己的苦痛。

慈愛因悲心而變得穩健，在越南我們稱之為「慈悲」（maitri-karuna）。慈愛與悲心的結合，消弭了幸福與苦痛之間的錯誤分歧。幸福喜悅並不比苦痛要來得好，實際上，能看見苦難的存在才有可能讓我們經驗到幸福喜悅，然而我們卻常將苦痛視為負面的。許多自勵自助的練習僅強調正向、積極性，並將苦痛視為必須克服的敵人。我們必須留心這一點，因為讓苦難安然存在是很重要的。

只要我們想擺脫苦痛，就看不到它的存在，我們越是試圖擺脫苦痛，它就會變得益發強大。我們可透過悲心正視苦痛，以降低它的強度，或藉由無為減少受苦的程度。受刑人需要透過他人的協助來看見自己的苦難。慈愛讓我們看見幸福喜悅，而悲心讓我們看見苦痛，能夠和我們自己的苦痛以及他人的苦難共存是一種恩賜。如果你做得到，你會變得更加強大。有了慈悲心，你就能透過靜坐冥想變得更強壯、更柔和。

我們可以藉由向犯人展現他們所造成的傷害來提供協助。這種做法能刺穿他們感覺不到自己或他人疼痛的盔甲。能感受到自己的抵抗、分離和盔甲是很重要的。我們要是能越早停止戰鬥或自我封閉，就越快能與自己的苦痛並存。每個人都有正視幸福喜悅以及苦難的能力，也應該鼓勵學童發展這種能力，並運用一輩子。

減輕苦痛並不代表不會感到傷痛。我們還是會繼續感受到自己的傷痛，而這就是我們所需要的。如果受刑人能感受到傷痛，他們將來就不會再犯同樣的錯誤。若他們習慣戰鬥，會避免去感受或正視自己的傷痛，隨著時間的推移，感受力會變得益發遲鈍，因此僅靠懲罰是無濟於事的。有些人反而因為被判刑，而變得更能忍受苦痛與折磨，也變得更加強硬，凡事只訴諸暴力。

他們需要指引才能感受到自己的傷痛，以及他們對其他人所造成的傷痛。

43. ——惡人和佛陀之間沒有差別

在佛教中，真愛、使雙方幸福的愛被稱為「喜」（mudita）。「喜」帶來歡樂、笑聲和滿足感，我們對生命感到滿足。

受刑人經常對許多事物都感到不滿意，包括監獄供應的食物。在荷蘭的監獄裡，他們每天都會收到一個能微波加熱的塑膠便當盒。受刑人告訴我這些食物平淡無味，而且沒有任何營養可言。

當我們學習靜坐冥想時，食物會嘗起來更美味。吉伯特對此抱持著懷疑的態度，但他願意試試。我教他飲食冥想，並建議他吃飯時關掉電視。有些囚犯每天二十四小時都與電視為伍，即使睡著了電視還是開著。電視為他們帶來撫慰，以及與生活保持連結的感覺，然而我認為情況恰恰相反。對我來說，電視幫助他們與自己的情感脫節，這樣就不需要與生命有所連結。

吉伯特開始吃飯不看電視，這本身就是個重要的轉變，因為他專注於食用自己的餐點。在進食前，他先練習有意識地呼吸，然後再坐直、專注地進食。這是一個儀式，他很驚訝自己竟然頗喜歡這儀式。

如果我們不懂得感恩自己所擁有的一切，就可能會毀了它。

受刑人常將思慮放在自己所沒有的東西，卻忘記去回顧自己仍擁有的一切。他們大多都擁有健康，在牢中也努力地保持健康，做了很多體能鍛鍊，如今還願意進行靈性練習。透過呼吸，他們回歸於自身，並開始欣賞所擁有的一切。

他們擁有食物，吉伯特會坐下來，看著他的餐盒，慢慢嘗一口。我建議他咀嚼三十次後再吞嚥，他做到了，而且發現食物確實有些味道了。我相信他不但嘗到了食物的滋味，也嘗到了生活的滋味。他品嘗到滿足感後，生活開始起了變化：他變得更為安靜、更懂得感恩生命。

受刑人常常認為自己只有在出獄後才會開心，而我認為，如果他們現在就對生活不滿意，即使出獄也不會對生活感到滿意。

我們總能在生活中找到一些滿足感。愛上生活是有可能的，這種愛，只有在心滿意足時才可能產生。當我們不滿足時，便無法認清自己的痛苦，也不會知道幸福喜悅為何物。透過鼓勵一個人對自己所擁有的一切感到滿足，我們就能幫助他發現平和。

吉伯特開始會花二十分鐘的時間把飯吃完，過去用不到五分鐘，他就把飯給吞完了。我教了整個靜坐冥想小組如何進行飲食冥想法後，很多人都反應食物變美味了。食物對受刑人來說很重要，而帶有意識地進行飲食，卻是他們從沒想過的一種藝術。他們常在焦慮不安的狀態下進食，我們也低估了好好吃飯所能發揮的力量。我要求他們每天在三餐中至少進行一次飲食冥想，有些人也已養成習慣，並餐餐進行。吉伯特試過一次飲食冥想後，便不再扔掉自己的便當了。

有了喜，我們對自己所擁有的一切以及我們是怎麼樣的人都會感到滿足。當我們感到不滿足時，就會影響我們的睡眠。一些轉介到我們小組的囚犯常有失眠的問題，不過，只要在睡前進行十分鐘的靜坐冥想就能幫助他們睡得更好，冥想時，他們處在當下與自己的苦痛同在。他們為自己而存在，對一切滿足，也帶著深沉的滿足感平等接納幸福喜悅與苦痛。

我不喜歡聽到「一時為惡，終生為惡」這句話。一位監獄治療師曾告訴某個犯人，他一輩子都會是個有藥癮的癮君子，但是我有不同的看法。受刑人若從怒氣或癮頭中解脫，就能從根本改變他的一生。如果你相信自己是個壞蛋，或相信自己是個癮君子，你就會依照自己的想法做出相應的行為。你需要他人的引導來觸及自己的佛性。當我見到囚犯時，我看見的是佛陀；以邪惡的方式行事，並不意味著佛性就不存在。能看見受刑人的佛性是很重要的，這是「捨」（upeksha）的時刻，也是平靜的時刻。

惡人和佛陀之間沒有差別。這是佛法教義中美妙的部分。

因為佛陀、囚犯都有著我們可信賴的深刻洞察力，他們都擁有解決困境的力量與智慧。監獄所給的引導，大多數是建立在

「囚犯需要向輔導員學習」的假設上，我認為應該反過來才對，我在他們身上可學到很多。他們經歷過猶如地獄般的苦痛，因此，我對他們的智慧有信心。在傾聽他們說話時，我也能注意到他們的轉變。

當你對某人的智慧充滿信心時，你只會傾聽而不會多做解釋，也不需去想什麼內容不重要。任何先入為主的概念會在現實中體現，但不等於它們就是實情，它們只是種解釋，而且這概念可能是錯的。

我們對他人的看法與實情無關，這其實是一面鏡子，當我們能看見對方，我們就能看見佛陀。

44. 人人皆有佛性

佛教的「無我」，指的是沒有「自我」，也沒有我對自己形象的觀點，更不受比較和批判的影響，比如說：我比你更優秀（或更糟糕）。我們如果執著於自我的形象，就無法「看見」對方，不但無法做到真正傾聽，也會成為「愛」的絆腳石。想要生活的平靜、能「捨」（upeksha），需要的是智慧與愛。

不論是牧師或任何的靈性輔導師都需懂得謙卑，因為，知識有時可能是種障礙。講道，並不是幫助囚犯們最有效的方法，但是靜默卻可以成為最強而有力的溝通方式。我喜歡問題更甚於答案，因為問題能提供對方空間與尊重。如果我們將囚犯視為佛陀，就會在囚犯身上體驗到佛性的存在。

為了要在囚犯中看見佛性的存在，監獄導師必須擺脫這個人是罪犯的想法。我看過一段影片，影片中的監獄導師引導一名囚犯注意自己的呼吸，而不是去批判他的身體、情感以及想法。導師說：「這就是你所需要的。」但是，我不這麼認為。我們需要的不僅僅是不帶批判地去看，還需要看見彼此皆有佛性。沒有佛性的存在，正念就不會完整，佛性的存在能深化一切。

45. 正語與正見的力量

為了把話說好，我們需要帶著尊重、敬佩以及專注力來傾聽；為了聽得清楚，我們需要愛。當我們用心聆聽時，才能打從心底說出肺腑之言。「正語」能夠觸動對方的心，並強化他們的自信心，因為**言語有著神奇的力量。如果我們在他人身上看到美好的事物，我們該不吝惜地告訴他們**。

「正見」有助於我們看到他人的美好之處，我們也該大聲地說出來。當我和受刑人在一起時，我總能在他們身上發現他人所不知的珍貴優點。

一個小時的會晤時間很快飛逝，如果我在他身上看到的優點是基於正見，那麼，它就能釋放出強大的力量與能量。幾句讚賞的話，就可以改變一個人的生命。

受刑人與外界生活的聯繫往往是充滿了爭論，雙方不但不會相互傾聽，談論的也是可怕的事情。我要求受刑人先靜坐冥想十分鐘後再打電話，傑德也因此與他女友化解了一個天大的問題。每次只要女友沒有立即接聽電話時，傑德便開始焦慮，而他的焦慮也會在兩人的對話中顯露出來。

他告訴我說：「我需要她跟我說實話，如果她不要我了，我要她直接告訴我，我討厭謊話。」

然而，傑德的焦慮影響了他女友，導致她不再接聽他的電話。後來，他開始在打電話前先靜坐冥想，藉由觸及自己內在的平和，他不再留下充滿憂慮的語音訊息給女友。很快地，他的女友開始願意接聽電話，也坦白告訴他：「我有新男友了。」

傑德聽到這消息很難過，但是由於他的正語，他很開心自己終於知道了真相。

言語有著神奇的力量。如果我們在他人身上看到美好的事物，我們該不吝惜地告訴他們。

46. ——協助他人重生，是殺戮的解藥

當受刑人相互幫助時，他們通常在腦子裡想著：「這對我有啥好處？我又能從中得到什麼？」在練習靜坐冥想之後，有些人開始會不帶其他意圖地相互幫忙。

前面提過的漢斯，他在坐擁了成功的商業生涯後鋃鐺入獄，起初一直覺得自己不是「這群小偷」的一分子。最終，他承認自己非常孤單，也放下了「我不屬於『這群小偷』」的想法。這可是個重大的轉變。他不但開始接觸其他受刑人，也開始教導那些無法閱讀、寫字的獄友，他終於在監獄裡找到了家與平和。

當我們感到孤單時，我們就沒有家，許多受刑人也都有這種

感受。然而，助人就是在獄中找到家的好方法。我經常要求他們協助彼此，而照做的人也都從中受益。有些人還在出獄後，主動聯繫過去認識的獄友，分享自己透過靜坐冥想所探索到的幸福喜悅。**如果你無法分享幸福喜悅，那就不是真正的幸福喜悅**。

有許多年輕受刑人在寫信時會請求漢斯的協助。後來有個人問他該如何創業做生意，漢斯也不求回報地提供了建議。這就是基於無條件之愛的「正業」，而這也是遠離孤寂的方法。漢斯被愛他的人包圍，他也不再感到孤單了。**不求回報的付出就是一種純粹的慷慨。慷慨，是偷竊的解藥**。

曼紐爾爺爺過去無法安眠，因為他會看見鬼魂，也會聽到怪聲。然而，他還是持續為其他人服務，他也要求太太幫助出獄的更生人。

在長年內心深感無處可歸後，曼紐爾不再感到孤單，從這層意義上來看，他已不在「牢裡」。他已經自由了，而且被愛他的人包圍著。當你身處鐵窗內，正業是很重要的，它會為你重返社會之路做好萬全的準備。

協助他人重生，是殺戮的解藥。我曾遇過一些囚犯，他們所有的生命目標都已死去，既不對人生抱持希望，也失去人生目的，可說是放棄了自己的生命。如果我們看到一個失去生存意願的人，卻沒有對他伸出援手，我們就是犯下一種謀殺罪。

自從曼紐爾爺爺重生之後，他帶領許多人加入靜坐冥想小組。援助是滿足感的源泉，當你快樂時，就會呈現穩定的狀態。監獄生活會讓你失去平衡，因為你失去了家人和朋友。

許多人年輕時就入獄，並且成長過程中未曾與人有過親密的連結。失去平衡也會影響人們的性行為，我們只有在處於平衡狀態時，性生活才得以平衡。

47. 你好，家人也會好

有些囚犯與家人的關係密切。如果他們被捕入獄，我們就不能忽視他們的家人接下來將如何生活。我們既需要在監獄內創造健康的環境，也需要支持受刑人的家庭。我輔導的囚犯中有不少人在成長過程中，都有父親或母親在坐牢的經驗——這些受刑人在某方面來說，都還只是個孩子。

在教授佛教入門時，我告訴他們在坐牢期間，會有足夠的時間來完成我交付他們的作業。有個年輕人卻糾正我說：「我們需要花時間照顧自己的家人，而且會花上很多時間，因為我們只能打電話和他們聯絡。我們也需要花時間跟小孩講講話，孩子因為我們不在身邊而受苦。」

在此之前，我都是將受刑人與其家人分開來看，但事實並非如此。當我們將某人關進監獄的那一刻，這也影響著他的家人，包括家裡的小孩。

我在每個受刑人身上看見一個個無辜孩子的身影，他們能回到童年時代的單純，是因為監獄提供了他們生活所需的一切，所以他們可以笑、可以哭、可以充滿想像力，也可以重溫童年。然而，有許多人對毒品上癮，這樣就不必去感受自己的苦痛。吸食毒品時，他們可以忽視自己，可以忽視傷痛，也可以忽視他們的家庭，這反而使他們處在受苦的巨輪下，更是無法逃脫。

靜坐冥想能幫助他們回歸到自己身上，幫助他們正視自己的傷痛以及正視自己的家人。我向他們解釋，如果在監獄裡的生活進展順利，他們的家人也會感受得到。在我的成長文化中，個人和家人之間是沒有距離的。

靜坐冥想能幫助我們回歸到自己身上，正視自己的傷痛以及家人。

48. 慷慨是衡量幸福喜悅的標準

許多受刑人出獄後，是兩手空空地回家，而且得立刻擔負養家的責任。然而，有些人的身心深受創傷，難以維持正常生活。為什麼他們得獨自解決這些問題呢？如果我們不對他們伸出援手，那麼憾事再次發生的可能性很高。我們懲罰犯人，卻吝於提供支持和協助他們重返社會。

我們習於依照數據考量事物，認為幸福感是取決於金錢的多寡：如果你很富有，那麼你就是幸福快樂的。我曾經教導過一名很有錢的囚犯，他覺得自己出獄後會萬事平順，因為他相信金錢會為他帶來幸福喜悅，然而那只是一種幻象。**財富本身並不會帶**

來幸福感。

在佛教裡，慷慨是衡量幸福喜悅的標準。僧侶會化緣，並向那些供應食物的人講授佛法，這種交換是一種平衡的經濟模式。發自內心純粹的付出稱為「布施」，但是在現今的社會中，我們卻對付出不甚了解，只會一味拿取。然而一個健康的經濟環境是需要公平交換才行得通的。一味拿取、不願付出，只會為個人以及經濟帶來不穩定的情況。

我遇過相當多有天賦、聰穎，且富有同情心的受刑人。他們需要學會不追逐金錢，而是深入思考自己能為社會做些什麼。他們能帶來什麼貢獻呢？我們需要給出獄的受刑人機會，讓他們在沒有太多壓力的情況下回歸社會。他們在坐牢期間已與社會脫節，需要更多時間才能重新融入，並思考自己能如何為社會盡一份心力。

為了減輕靜坐冥想小組成員們的焦慮感，我告訴他們不要害怕失業。因為，每個人都有可供付出的條件，如果你有條件付出，就能在世界上找到自己的一片天。這付出有可能是幸福喜悅，而一個人的幸福喜悅是很重要的。受刑人或出獄者可能還不了解這點：單單透過一個人，他們就可以將自己的幸福喜悅感傳遞給社會了！而且，無論他們從事什麼工作，都能帶著幸福喜悅去完成。

受刑人在監獄中所受的培訓，就是在為出獄後的工作做準備。如果他們無法看見自己內在本自具有的幸福喜悅，出獄後可能還會再走上歧途。如果他們的謀生之道還是奠基於拿取，而非給予，生活依舊會再度失去平衡。

囚犯是他所處社會的產物，而我們對社會經濟的思考模式是失衡的。我們只希望盡可能擁有一切，盡可能不去付出。然而，供需原則須轉化為慷慨的施與受才行。

49. 幸福喜悅是無始無終的

達賴喇嘛曾說過：「生命的目的是在追尋幸福喜悅。」我們認為幸福喜悅就是得到想要的人事物時才會感受到，而經濟就是建立在追求這種幸福的基礎上。但是，還有另一種幸福感的存在：一種已經存在、不需找尋的幸福喜悅。在佛教裡，我們稱之為「不著相的布施」。比如說，講述佛法就能賦予你本自具有的一切，覺醒也是如此。你不是因為修習佛法而覺醒過來，覺醒早已存在，它無始無終，既沒有開始也沒有結束，如果它有始有終，那就不是真正的覺醒了。

當見到一名受刑人，我知道他已是覺醒的，因此會鼓勵他靜坐去探索自己的這個部分。要這麼靜靜坐著，需要的是信念與信任。我相信每位囚犯都是覺醒的，我只是碰觸了他們內在的某個部分，幫助他們轉化了受苦的狀態。這不是我的功勞，其實覺醒的狀態在我們出生前就早已存在，而這也不是修行的結果。

八正道始於「正見」，這才是基礎，而不是一般以為的正念。正念是意識的產物，理解這點有助於我們從意識中解脫。我所說的意識，指的是被困在思考、感受、痛苦、責備、期盼、擔憂與害怕之中。只要二十分鐘的靜坐，我們就可以走出上述困境，這就是覺醒的力量。一旦我們發現了自己擁有覺醒天性，我們就會發現幸福喜悅是無始無終的。真正的幸福喜悅能滋養我們，而這些受刑人都對此有所感受。

50.——真正的洞察力

「佛陀」指的是「一個已經覺醒的人」。所以，任何一位覺醒之人皆可被稱作佛陀，而這就是佛教的精髓。

修行始於「人類需要引導，以減少生活障礙」這個假設。正念練習是科學的，而覺醒是有洞察力的，「有洞察力的」（insightific）並非一個正式的字詞，但是它能表達我想說的意思。洞察力讓我們有能力相信自己以及相信他人。知識永遠都是二元論的，而智慧是非二元論的。

從二元論產生的信任是有條件的，那不是真的信任。舉例來說，如果你個性很好，我就相信你，然而真正的信任是無條件的。

我這麼說不科學，卻是有洞察力的，這句話超越了個體，也超越了二元論。

凱利是一位工資只收現金的油漆匠。他下工後一向都把錢交給他太太，太太也理財有方。但是，有一天他想：「我為什麼要把錢全部交給太太呢？」此後，他逐漸不再重視太太，生活也開始出狀況。他跟我說：「我今天會坐牢，就是因為那天做了錯誤的決定，讓我步上了錯誤的人生道路。」

科學將眾人分離，洞察力將眾人聚集在一起。在現代，人與人在不知不覺中漸行漸遠，我們體驗到有史以來最強烈的孤寂感。我們尋找自己的空間、尋找自己的撫慰，也尋找自己的幸福。我們認為必須先照顧好自己，才能顧慮到別人，這不是具有洞察力的想法。實際上，我們和其他人之間沒有任何差別，我們所堅持遵守的這些界限是虛假的，是我們自己捏造出來的。

有個犯人問我：「我要怎麼知道自己是走在正確的人生道路上呢？」這是個很好的問題。我們常相信自己走的就是正確的人生道路，然而某天出現問題後才發現自己走錯路了，但為時已晚。因此，我對這個好問題的回答是：「我們不會知道自己是否已走在正確的人生道路上。我們需要詢問自己內在的佛陀。」

我們和其他人之間沒有任何差別，我們所堅持遵守的這些界限是虛假的，是我們自己捏造出來的。

51.——連結是幸福喜悅的最高形式

幸福喜悅的基礎有三：智識、感受、連結。這三者缺一不可。智識幫助我們實現人生目標，但是當情緒有障礙時，智識的展現就會受限制。如果我們感受不到自己的情緒，就無法感到幸福。不論是愉快的感受，或是不愉快的感受，兩者都是幸福的源泉。幸福感不是只囊括愉悅的感受，也是和不愉快感並存的。

幸福的第三個基礎是穩定感，或說連結。當馬克原諒前妻拋下他與其他男人在一起後，他找到了穩定感。我們還可以藉由跟祖先連結，來與自己和他人產生連結。我們同時擁有水平面向的人際關係，以及垂直連結的祖先關係。與自己的祖先連結能帶來穩定，每個家庭成員也都能為彼此的穩定盡一份力。

許多受刑人都很聰明，但是他們都無法感受到自己的情緒，也沒有穩定的支持基礎。他們的家庭幸福都被打亂了，許多受刑人會訴說自己原生家庭中酗酒和暴力的故事，這些家庭問題阻礙了他們的感受力。爾後，他們也可能對幸福產生扭曲的看法。

靜坐冥想能幫助我們更深入地了解幸福喜悅的形式，也可以幫助我們與自己的情緒和穩定感連結起來。麻木不仁是導致孤立的障礙，因此，能夠感覺到自己的情緒是非常重要的。

連結是幸福喜悅的最高形式。為了成功重返社會，受刑人需要了解自己的情緒感受，與自己產生連結的幸福喜悅感（不論是痛苦或快樂），就是最可靠的返家之路。

52. 回家之路

回家意味著再次感到幸福喜悅。有能力去感受，永遠能引領我們回家，並與整個社會連結的同時，感到自由和超脫。我們與有形的世界連結在一起，也與無形的世界連結在一起。

帶領受刑人回家是社會的責任。監獄應該是個張開雙臂接納迷失孩童的地方，應該是一個有愛的地方，我們不能因為一個人的行為很糟，就把他給殺了，我們有責任引領這些誤入歧途的人回家。我們無法獨自幸福快樂，我們應該共同分享幸福喜悅。

身為四所監獄的靈性顧問，我見到了那些能夠回家的囚犯，這深深感動了我。他們身上的暴戾之氣已轉化為愛與理解，有時候他們會安靜地坐在一塊，不多說話，單純享受著這股靜默的氛圍——不僅是享受環境中的靜默，也享受著自己內在的靜默。他們已經理解靜默的價值。

他們過去都因為內在煩擾的噪聲而入獄，如果他們早知道自己內在有個家，如今就不會淪落到坐牢的地步了。我們錯失了許多可以幫助他們的機會，也錯失了許多帶領他們回家，以及引領他們重新融入社會的機會。

他們需要的引導者是那些明瞭回家之路在何處的人。家，是充滿平和與幸福喜悅的地方，它就在那裡，期盼著每個人歸來。

國家圖書館出版品預行編目（CIP）資料

獄見佛陀 : 在最痛苦的時候 , 也能得到幸福與喜悅 ,
23 個見證奇蹟的故事 / 呂強著 ; 心意譯 . -- 初版 .
-- 臺北市 : 遠流 , 2019.11

面 ; 公分

譯自 : The Buddha in Jail

ISBN 978-957-32-8664-6 (平裝)

1. 佛教修持 2. 生活指導

225.87 108016601

獄見佛陀：

在最痛苦的時候，也能得到幸福與喜悅，23 個見證奇蹟的故事

作者／呂強
譯者／心意
總編輯／盧春旭
執行編輯／黃婉華
行銷企畫／鍾湘晴
封面設計：AncyPI
內頁設計：Alan Chan

發行人／王榮文
出版發行／遠流出版事業股份有限公司
地址：臺北市南昌路二段 81 號 6 樓
電話：（02）2392-6899
傳真：（02）2392-6658
郵撥：0189456-1

著作權顧問／蕭雄淋律師
2019 年 11 月 1 日　初版一刷
定價新台幣 320 元（如有缺頁或破損，請寄回更換）

ISBN 978-957-32-8664-6

YLib 遠流博識網
http://www.ylib.com
E-mail: ylib @ ylib.com